AF453875

PETIT COURS
DE GÉOGRAPHIE

PHYSIQUE ET POLITIQUE.

A L'USAGE DES ÉCOLES PRIMAIRES ET NORMALES.

PAR

M. CH***, PROFESSEUR.

———

PREMIÈRE PARTIE

DE L'EAU A LA SURFACE DU GLOBE.

———

STRASBOURG,

CHEZ DERIVAUX, LIBRAIRE, RUE DES HALLEBARDES, 24.

PARIS,

DEZOBRY, MAGDELAINE ET Cᵉ, RUE DES MAÇONS-SORBONNE, 1.

1842.

STRASBOURG, IMPRIMERIE DE G. SILBERMANN.

AVERTISSEMENT.

La Géographie n'a été jusqu'à présent, dans les écoles primaires, qu'une étude de mots, et comme si les enfants étaient incapables de prendre intérêt aux grands phénomènes de la nature, la Géographie politique a été la seule partie de cette science dont on les entretenait. Rien n'est cependant si propre à rebuter la patience des jeunes élèves qu'une nomenclature sèche et aride des noms de pays, de montagnes, de caps, etc.

Nous avons pensé qu'en accompagnant ces notions de courtes descriptions des lieux qu'on veut leur faire connaître, la Géographie leur offrirait plus d'attrait et se graverait mieux dans leur mémoire. Nous avons cherché surtout à appeler particulièrement leur attention sur les faits dont se compose la Géographie physique, science si intéressante et pourtant encore si négligée de nos jours.

L'essai que nous avons fait de cette méthode dans une des classes de l'école primaire de la Toussaint de Strasbourg, en nous révélant l'intérêt que les enfants manifestent pour l'étude des sciences, quand elles leur sont présentées d'une manière appropriée à leur âge, et les résultats satisfaisants que nous en avons obtenus, nous engagent à publier ce petit livre. Il est destiné à présenter aux jeunes élèves un résumé fidèle des leçons de Géographie qu'ils reçoivent, et un guide sûr pour étudier seuls.

Cette première partie comprend l'histoire de l'eau à la surface du globe. Nous avons compris dans l'histoire de l'Océan celles des îles et des archipels qui se trouvent disséminés à sa surface, ainsi que la description des fleuves qui y versent leurs eaux. Cette marche nous a paru la plus propre à l'intelligence des faits, et l'expérience nous a montré qu'elle est la plus rationnelle. La deuxième partie contiendra l'histoire physique des continents, et la troisième donnera une connaissance succincte des phénomènes qui se passent au sein de l'atmosphère.

PETIT COURS

DE GÉOGRAPHIE

PHYSIQUE ET POLITIQUE.

NOTIONS PRÉLIMINAIRES.

1. La géographie est la science qui a pour objet la description de la terre. Le mot *géographie* est formé de deux mots grecs : *gé*, terre, et *graphô*, je décris. La terre est un globe ou une sphère non lumineuse par elle-même, et la troisième dans l'ordre des planètes qui tournent autour du soleil.

Parmi les nations anciennes, les Égyptiens seuls ont eu des notions exactes sur sa forme ; les autres la croyaient plate ou creuse et limitée par un grand fleuve qu'elles appelaient *Océan*.

2. Ce sont les voyages des marins, les observations des éclipses de lune, et l'étude des mouvements des astres qui ont fait découvrir sa forme ronde et son double mouvement sur elle-même et autour du soleil.

Quand du rivage de la mer on aperçoit un vaisseau au loin, on ne voit d'abord que le sommet du grand mât, puis les cordages, puis les voiles, et enfin la quille du bâtiment. Lorsqu'on quitte les terres pour un voyage lointain sur mer, les sommités des hautes montagnes éloignées s'aperçoivent encore, et les petits objets plus rapprochés des côtes ont disparu depuis longtemps. Une montagne ou un monument élevé peut être vu de très-loin, mais on en voit le sommet longtemps avant d'en découvrir la base ; celle-ci ne s'aperçoit que lorsqu'on est à une petite distance.

Tout cela est dû à ce que la terre est ronde : la quille du vaisseau, les petits objets du rivage, la base de la montagne ou du monument sont cachés dans la courbure du globe.

3. De même que les autres planètes, la terre tourne sur elle-même, comme si elle était traversée dans son milieu par une aiguille ou barre immobile. Cette barre imaginaire est ce que l'on a appelé l'*axe* du globe. Les deux points où ses extrémités opposées aboutissent, sont les *pôles* [1] ; l'un est appelé pôle *arctique* [2], et l'autre pôle *antarctique* [3]. Le premier est aussi nommé pôle *boréal* ou pôle *nord* [4], et le second pôle *austral* ou *sud* [5].

4. Cependant la terre n'est point une sphère parfaite : en en mesurant exactement diverses parties, on a acquis la preuve qu'elle est un peu aplatie à chacun

[1] Du grec *poleo*, je tourne.

[2] Du grec *arctos*, constellation de l'Ourse, vers laquelle ce pôle est constamment tourné.

[3] C'est-à-dire opposé à l'Ourse.

[4] Les anciens désignaient le vent du nord sous le nom de *Borée*.

[5] Du latin *auster*, vent du Midi.

de ses pôles. Elle a 4,500 myriamètres de tour. Sa surface entière est d'environ 13,000,000 myriamètres carrés. Son diamètre est de 1,432 myriamètres.

5. GLOBES ET CARTES. On représente la terre sous la forme d'une boule qu'on nomme *globe*, et sur laquelle se trouve indiqué tout ce que sa surface présente de remarquable. Les cartes géographiques sont des représentations de la terre sur une surface plane. Elles sont générales ou partielles. Les premières donnent la configuration d'une grande étendue de pays ; les secondes se bornent à en faire connaître un espace très-limité. Ce qu'on appelle *mappe-monde*, est la carte du globe entier figuré en deux parties égales.

6. Chaque partie d'une carte est en rapport avec la grandeur réelle du pays qu'elle représente. Ce rapport est indiqué sur les cartes par une ligne qu'on appelle *échelle*. Au moyen de cette ligne, on peut évaluer la grandeur réelle de telle partie qu'on veut connaître, ou la distance qui sépare les lieux qui y sont indiqués. Ainsi, si un centimètre sur la carte équivaut à un myriamètre sur la terre, comme le myriamètre est un million de fois plus grand que le centimètre, il est clair qu'un pays sera un million de fois plus petit sur la carte qu'il ne l'est réellement à la surface du globe.

7. POINTS CARDINAUX. Afin de pouvoir reconnaître avec facilité la position des différents lieux de la terre, on admet quatre points principaux, qu'on appelle *points cardinaux ;* ce sont : le *nord* ou *septentrion* du côté du pôle arctique ; le *sud* ou *midi* du côté du pôle antarctique ; le *levant, est* ou *orient* du côté où le so-

leil paraît se lever ; le *couchant*, *ouest* ou *occident* vers le point où le soleil paraît se coucher.

Au moyen de ces quatre points, connaissant le côté où le soleil se lève, on peut reconnaître facilement les autres : car étant tourné vers l'orient, on a l'occident derrière soi, le nord à gauche et le midi à droite.

8. ROSE DES VENTS. Indépendamment de ces quatre points principaux, on en a imaginé quatre autres qui leur sont intermédiaires ; ce sont : le nord-ouest entre le nord et l'ouest, le nord-est entre le nord et l'est, le sud-est entre le sud et l'est, et le sud-ouest entre le sud et l'ouest.

Enfin, pour plus d'exactitude, on en suppose encore d'autres placés entre les précédents, et leur réunion, au nombre de 32, forme la *rose des vents*. Sur les cartes on place ordinairement le nord en haut, le sud en bas, l'orient à droite et l'occident à gauche.

9. CERCLES. Sur les globes et les cartes sont marqués différents cercles. Ils servent à indiquer avec précision la place que les lieux doivent y occuper. Il y en a de deux sortes : les grands et les petits cercles. Les grands cercles sont : 1° l'équateur, 2° les méridiens ; les petits sont les parallèles. Les grands cercles coupent le globe en deux parties égales, les petits cercles le partagent en deux parties inégales.

10. ÉQUATEUR. L'équateur est un grand cercle placé à égale distance des pôles ; on l'appelle encore *ligne équinoxiale*, ou simplement *ligne*. Il coupe le globe en deux parties, que l'on nomme *hémisphères*, c'est-à-dire moitiés de sphère. La portion qui comprend le

pôle nord est appelée *hémisphère boréal,* et l'autre, *hémisphère austral.* Chacune des distances de l'équateur aux pôles, ou chaque quart du globe, est partagée en 90 degrés, et comme ces distances sont au nombre de quatre, deux dans chaque hémisphère, il en résulte que la circonférence entière d'un cercle passant par les deux pôles est de 360 degrés. Chaque degré est divisé en 60 minutes, chaque minute en 60 secondes, et chaque seconde en 60 tierces. Les degrés se marquent par le signe o, les minutes par une apostrophe, les secondes par deux et les tierces par trois [1].

11. MÉRIDIENS. Les méridiens sont des lignes qui, passant par les deux pôles, coupent le globe en deux hémisphères, l'un oriental, l'autre occidental. On leur donne le nom du lieu principal par où ils passent. Ainsi on fait souvent mention dans les livres de géographie des méridiens de Paris, de Londres, de l'ile de Fer, etc. Ce sont des lignes qui passent par les deux pôles, et aboutissent à Paris, à Londres, etc. Le nombre des méridiens peut être indéfini; cependant on n'en trace sur les cartes que de 10 en 10, ou de 15 en 15 degrés [2].

12. PARALLÈLES. Les parallèles ou petits cercles sont

[1] Ainsi pour exprimer 4 degrés 8 minutes 16 secondes et 17 tierces, on écrit 4° 8′ 16″ 17‴.

[2] On appelle ces cercles méridiens, parce qu'il est midi pour les lieux par où ils passent, lorsque le soleil paraît à la partie la plus élevée au-dessus de l'horizon de l'observateur; et il est minuit pour ces mêmes lieux lorsque cet astre rencontre ce même cercle dans la portion opposée.

des lignes tracées parallèlement à l'équateur. Ils diminuent continuellement de grandeur en s'éloignant de l'équateur. On en compte 180 pour la surface du globe, 90 dans l'hémisphère boréal, et 90 dans l'hémisphère austral. L'équateur en est le zéro ; le 90e est un point au pôle même.

Parmi les parallèles il en est quatre que l'on désigne par des noms particuliers ; ce sont les deux tropiques et les deux cercles polaires.

Les tropiques sont deux cercles tracés à 23 1/2 degrés de chaque côté de l'équateur ; l'un, appelé *tropique du Cancer*, est dans l'hémisphère boréal ; l'autre, le *tropique du Capricorne*, se trouve dans l'hémisphère austral.

Les cercles polaires sont deux cercles placés tous deux à 23 1/2 degrés des pôles dont ils prennent les noms ; l'un s'appelle *cercle polaire arctique*, l'autre *cercle polaire antarctique*.

13. LATITUDE. L'équateur et les parallèles sont appelés cercles de *latitude*, du latin *latitudo*, largeur. La distance d'un lieu à l'équateur est la latitude de ce lieu ; elle est d'autant plus grande que ce lieu se rapproche davantage du pôle. Les degrés se comptent à partir de l'équateur, qui est le zéro de latitude. Il y a deux latitudes : la latitude nord et la latitude sud. Ainsi la ville de Turin, en Italie, est à 45 degrés 4 minutes (45° 4′) de latitude nord ou boréale ; le cap de Bonne-Espérance, au sud de l'Afrique, est à 34 degrés 23 minutes 40 secondes (34° 23′ 40″) de latitude sud ou australe.

14. Longitude. Les méridiens indiquent les degrés de longitude [1]. Ces degrés sont au nombre de 360 ; ils se subdivisent comme les autres en minutes et en secondes. Le méridien principal, celui qui sert de point de départ, varie suivant les pays. En France on a choisi celui qui passe à l'Observatoire de Paris ; c'est le zéro des degrés de longitude, comme l'équateur est le zéro des degrés de latitude. A partir de ce méridien on en compte 180 à gauche et 180 à droite, en sorte que le point diamétralement opposé à l'Observatoire de Paris porte le numéro 180. Il y a donc deux sortes de longitudes : la longitude est et la longitude ouest, et de même qu'on indique la latitude nord ou sud des lieux de la terre, ou doit aussi indiquer leur longitude. Ainsi la ville de Turin, citée plus haut, est à 5 degrés 20 minutes à l'est du méridien de Paris (5° 20′ E). On voit par là que les méridiens et les parallèles servent à indiquer exactement la place que les lieux occupent sur le globe.

15. Zônes terrestres. Les tropiques et les cercles polaires partagent la surface du globe en cinq bandes ou zônes, et leurs noms indiquent à peu près la température qui y règne. La partie comprise entre les deux tropiques est appelée zône torride, à cause de la chaleur extrême que les rayons d'un soleil vertical y versent à flots. Les deux zônes situées entre les tropiques et les cercles polaires sont appelées zônes tempérées ; les extrêmes du chaud et du froid y sont inconnus.

[1] Du latin *longitudo*, longueur.

Enfin les zônes dont les pôles occupent le centre forment les zônes glaciales, l'une boréale et l'autre australe.

16. Horizon. On appelle horizon l'espèce de cercle qui sépare la portion du ciel que nous apercevons de celle que nous ne pouvons pas voir. Chaque observateur a son horizon, et il en occupe toujours le centre ; s'il se déplace, son horizon se déplace aussi ; il s'agrandit d'un côté et se resserre de l'autre. Dans les plaines vastes l'horizon est très-étendu ; il en est de même sur les hautes montagnes et sur les bâtiments élevés.

On appelle *zénith* le point du ciel qui correspond au centre de notre horizon et qui est par conséquent perpendiculaire au−dessus de nos têtes : le point diamétralement opposé est appelé *nadir*.

17. Antipodes. Puisque la terre est ronde chaque point de sa surface a un point qui lui est directement opposé. Si deux hommes sont placés à ses deux points contraires, l'un sera *l'antipode* de l'autre, c'est-à-dire que leurs pieds seront tout à fait opposés. En France, sur a mappe-monde, on marque ordinairement les antipodes de Paris ; c'est un point dans l'Océan austral non loin de la Nouvelle-Zélande.

18. Surface du globe. La surface du globe est occupée par des *terres* et des *eaux*. Les terres n'en occupent qu'environ le tiers ; les eaux couvrent le reste ; elles sont rassemblées dans un immense bassin auquel on donne le nom *d'océan* ou de *mer*.

Les terres se divisent en continents et en îles. Les uns et les autres sont environnés de toutes parts par les eaux de l'océan, et les continents ne diffèrent des îles que par leur vaste étendue.

Il y a deux continents : l'ancien et le nouveau. Ordinairement sur la mappe-monde l'ancien continent est figuré dans l'hémisphère oriental et le nouveau continent dans l'hémisphère occidental.

19. PARTIES DU MONDE. L'ancien continent, ainsi appelé parce qu'il a été le berceau primitif du genre humain, est divisé en trois grandes parties qui sont : *l'Europe*, *l'Asie* et *l'Afrique*.

Le nouveau continent, connu seulement depuis 1492, est appelé *Amérique*.

On a donné le nom d'*Océanie* à une multitude d'îles situées dans la vaste étendue de mer qui sépare les deux continents.

L'Europe, l'Asie, l'Afrique, l'Amérique et l'Océanie forment les cinq parties du monde.

LIVRE PREMIER.

HYDROGRAPHIE,

OU DE L'EAU A LA SURFACE DU GLOBE.

20. Les eaux répandues à la surface du globe sont ou *continentales* ou *marines.*

Les eaux continentales sont celles qui coulent ou séjournent à la surface des continents et des îles. Les eaux marines enveloppent et entourent les continents.

La partie de la géographie qui traite des eaux a été appelée *Hydrographie*, de *hudôr*, eau, et *graphô*, je décris.

CHAPITRE PREMIER.

EAUX CONTINENTALES.

21. Les eaux continentales sont en très-grande partie produites par celles de l'Océan, qui se réduisant en vapeurs, forment les nuages ; les nuages en traversant les hautes régions de l'atmosphère, se résolvent en pluie ou en neige, et donnent naissance aux cours d'eau ou aux amas d'eau.

Les eaux continentales diffèrent généralement des eaux marines en ce qu'elles ne renferment qu'une très-petite quantité de matières salines et qu'elles peuvent presque toutes servir de boisson.

22. COURS D'EAU. Les cours d'eau sont produits par les sources. Ils comprennent les *torrents*, les *ruisseaux*, les *rivières* et les *fleuves*. On appelle *source* l'endroit où

un cours d'eau apparaît à la surface des terres ; le terrain sur lequel il coule en forme le *lit* ; les bords sont appelés *rives* ; la position d'une personne tournant le dos à la source détermine la *rive droite* et la *rive gauche*. On nomme *confluent* ou *jonction* l'endroit où deux cours d'eau se joignent.

Les sources, les ruisseaux et les torrents sont appelés par quelques auteurs *eaux sauvages*.

23. SOURCES. On donne le nom de source à un petit volume d'eau qui apparaît à la surface du sol. Les sources sont produites par les eaux de pluie ou par celles qui proviennent de la fonte des neiges et des glaces. Ces eaux filtrent à travers les terres, jusqu'à ce que, rencontrant une couche qu'elles ne peuvent pas pénétrer, elles coulent à sa surface et parviennent ainsi au dehors.

Les sources se rencontrent dans presque tous les terrains et à toutes les hauteurs ; dans l'île Sainte-Hélène il en existe une à l'endroit le plus élevé de l'île. Elles abondent surtout dans les lieux montagneux et aux environs des volcans.

24. SOURCES INTERMITTENTES. On nomme *sources intermittentes* celles qui cessent de couler à certains moments et qui reparaissent à des intervalles plus ou moins longs. On attribue l'intermittence des sources à l'existence de cavités souterraines où l'eau se rassemble, et d'où elle s'écoule ensuite comme elle le fait dans un syphon. Quelquefois il peut arriver que des substances gazeuses qui cherchent à se dégager, suspendent pendant quelque temps l'écoulement de l'eau. On voit à

Bulleborne, en Westphalie, une de ces sources qui est à sec deux fois par jour.

25. SOURCES JAILLISSANTES. Les sources jaillissantes sont celles qui à leur sortie de terre s'élèvent à une certaine hauteur au-dessus du sol. Les plus remarquables sont celles de l'Islande, connues sous le nom de Geisers. Il existe des sources jaillissantes d'eau douce au sein même de la mer, par exemple à quelques myriamètres de la côte de l'île Cuba ; elles produisent un tel bouillonnement que les petites embarcations n'en approchent pas sans danger.

On en voit une plus remarquable encore près de Spezzia, ville située sur le golfe de Gênes ; elle jaillit d'une profondeur de 14 à 15 mètres, et l'eau s'élève à 3 ou 4 décimètres au-dessus du niveau de la mer, sur une largeur d'environ 20 mètres.

26. SOURCES THERMALES. Les sources thermales sont celles dont l'eau est à une température supérieure à celle du corps. On en rencontre en beaucoup de lieux. Leur chaleur varie, mais elle ne va jamais jusqu'au degré de l'eau bouillante. Les plus chaudes sont celles de Chaudes-Aigues, de Bains près d'Arles, d'Ax, en France, de Carlsbad, en Bohême, les Geisers, en Islande. Ces eaux sont très-rarement pures ; presque toutes contiennent des substances minérales en dissolution et sont employées dans diverses maladies.

La cause de la chaleur des sources thermales n'est pas encore bien connue. Les uns l'attribuent au passage des eaux sur un immense amas de charbon de terre en combustion ; d'autres ont pensé qu'elle était produite par le feu central de la terre.

27. SOURCES MINÉRALES. On appelle sources minérales celles dont les eaux renferment une assez grande quantité de matières minérales, pour ne pas pouvoir servir de boisson ordinaire. Les matières contenues dans ces eaux sont du fer, du soufre, diverses substances salines, du gaz acide carbonique, etc. Leur présence dans l'eau provient évidemment de ce que ce liquide les enlève aux terrains sur lesquels il coule avant de surgir du sol. Les sources minérales sont communes dans presque tous les pays. La plupart sont employées en médecine.

28. SOURCES BITUMINEUSES. Il est des sources qui en traversant des terrains chargés de bitume ou de pétrole, substances très-inflammables, en entraînent en assez grande quantité. On en rencontre plusieurs dans le duché de Modène, en Italie, et dans les environs d'Astracan, en Russie. Il en existe sur les bords du Tigre, en Asie, qui sont tellement chargées de ces substances, que les eaux du fleuve où ces sources s'écoulent, se couvrent de flammes à une grande distance lorsqu'on en approche une torche enflammée. Les eaux du lac Asphaltique ou mer Morte, en Judée, sont presque toujours couvertes d'une couche de bitume, qui provient évidemment de sources souterraines.

29. RUISSEAUX. Les ruisseaux sont de petits cours d'eau formés par la réunion des eaux de plusieurs sources ou par la fonte des neiges et des glaces accumulées au sommet des hautes montagnes. Les ruisseaux n'ont

pas un long cours ; ils ne peuvent servir ni à la navigation ni au flottage des bois, à cause de l'inégalité de leur cours et du peu de profondeur de leurs eaux. On les rencontre dans tous les pays, et surtout dans les lieux montagneux où abondent les sources elles-mêmes.

30. TORRENTS. On donne le nom de torrent à un cours d'eau rapide, inégal, susceptible d'augmenter considérablement à certaines époques, et d'être à sec dans d'autres. C'est ordinairement au printemps, lors de la fonte des neiges, ou pendant les violents orages que les torrents grossissent et débordent ; ils se dessèchent presque complétement pendant les chaleurs de l'été.

Ce sont les torrents qui creusent les ravins ou enfoncements que l'on remarque sur les flancs des montagnes, parce qu'ils se précipitent avec fracas et impétuosité, renversant et entraînant tout ce qui se trouve sur leur passage.

31. RIVIÈRES. Une rivière est un cours d'eau tranquille, formé par la réunion de plusieurs ruisseaux ou de plusieurs torrents dans une vallée. Souvent plusieurs rivières se joignent et coulent ensemble ; dans ce cas, c'est la plus importante qui conserve son nom.

Une rivière est flottable lorsqu'elle peut servir au transport de pièces de bois liées les unes aux autres ; elle est navigable si des bateaux peuvent y naviguer commodément.

Parmi les rivières les unes coulent directement vers l'Océan : ce sont celles qui sont voisines des côtes ; d'autres se réunissent et forment un cours d'eau plus considérable qu'on appelle *fleuve.*

32. FLEUVES. Un fleuve est un cours d'eau considérable qui se jette dans une mer ou une caspienne. Les fleuves sont formés par la réunion de deux ou d'un plus grand nombre de rivières. Les rivières qui se jettent dans un fleuve sont appelées *affluents* de ce fleuve.

Le pays où coule un fleuve est le *bassin* de ce fleuve ; les bassins secondaires sont les vallées où coulent les rivières qu'il reçoit. L'endroit où un fleuve se jette dans la mer, se nomme *embouchure;* si avant d'arriver à la mer il se divise en plusieurs bras, on les appelle *bouches ;* s'il ne se divise qu'en deux bras, l'espace de terre compris entre ces deux bras du fleuve se nomme *delta,* parce qu'il ressemble à la quatrième lettre de l'alphabet grec, appelée delta, et ainsi figurée Δ.

33. DÉBORDEMENTS. Comme les fleuves et les rivières prennent leur source sur le penchant des montagnes presque toujours couvertes de neiges pendant l'hiver, il arrive qu'au printemps, lorsque ces neiges viennent à fondre, l'eau qui en résulte augmente subitement le courant, franchit les bords, envahit les campagnes environnantes : il y a débordement. Des pluies abondantes, un violent orage produisent souvent un semblable résultat ; le Rhône, le Rhin en offrent des exemples. A ce moment l'eau des fleuves devient boueuse et prend une teinte jaunâtre à cause des terres qu'elle enlève aux terrains submergés.

34. CRUES PÉRIODIQUES. Les fleuves qui coulent dans les pays situés entre les tropiques, où il ne pleut qu'à

des époques régulières, sont sujets à des débordements, qui commencent à la saison des pluies et finissent avec elle. Ces crues sont appelées *périodiques*. Le Nil, le Gange, l'Amazone, l'Orénoque, etc., en présentent des exemples. Ces crues se font d'abord lentement, et ce n'est qu'après plusieurs mois que les eaux parviennent à leur plus grande hauteur. A une grande distance de ses bords, le fleuve ressemble à une mer dont la surface n'est interrompue que par les villages et les arbres que les eaux ne recouvrent pas.

35. ATTÉRISSEMENTS. On appelle *attérissements* les dépôts que les matières terreuses entraînées par les fleuves forment à leur embouchure. L'action des eaux de la mer, qui repoussent ces matières, contribue à accroître les attérissements. Un pays en Europe, la Hollande, a été presque entièrement formé par cette cause. Les deltas sont aussi produits de la même manière. Les attérissements formés par les fleuves de la mer Adriatique, ont reculé les rivages de cette mer, de telle sorte que la petite ville d'Adria, qui était autrefois sur les côtes, en est éloignée aujourd'hui de 35 kilomètres.

36. BARRES D'EAU. Il arrive à certaines époques que le mouvement de la mer repousse les eaux des fleuves jusqu'à une distance très-grande. Le phénomène qui en résulte porte différents noms : à l'embouchure de la Seine on l'appelle Barre, Mascaret dans la Gironde, Pororocca dans le fleuve des Amazones ; cette dernière barre d'eau est la plus remarquable. On appelle *remous* le mouvement des eaux d'un fleuve, quand, repous-

sées vers leur source par la mer, elles remontent le long des rives, tandis qu'au milieu du courant le fleuve continue à couler vers la mer.

37. CHUTES. CATARACTES. Un cours d'eau forme une *chute*, un *saut* toutes les fois qu'il rencontre une coupe brusque ; alors il se précipite. Les chutes formées par les ruisseaux et les torrents sont appelées *cascades*. Quand un fleuve a plusieurs chutes rapprochées et peu élevées, on les appelle *cataractes*. Les plus célèbres cataractes sont celles du Nil, en Afrique, du Gange, en Asie. Le fleuve Saint-Laurent, en Amérique, forme une chute célèbre sous le nom de *Saut du Niagara*[1].

Si une chute se fait sur un plan très-incliné et resserré, on l'appelle *rapide*, c'est-à-dire un courant d'eau que les bateaux ne peuvent pas remonter.

38. CANAUX. Les canaux sont toujours l'ouvrage des hommes. Ils sont destinés à mettre en communication deux cours d'eau ou deux portions de mer. Ce sont des bassins où l'on fait arriver l'eau, et où on la retient au moyen d'écluses de manière à l'empêcher de couler des pays élevés sur ceux qui le sont moins.

---

[1] Le Niagara est la portion du fleuve Saint-Laurent, située, entre le lac Ontario et le lac Érié, dans l'Amérique septentrionale. Dans son cours il se précipite de 50 mètres environ de haut avec une largeur de 900 mètres. Cette large nappe d'eau n'est coupée que par une petite île, appelée île des Chèvres, et qui semble suspendue au-dessus du gouffre. Le bruit que l'eau fait en tombant, s'entend de très-loin, et il s'élève une si grande quantité de bruine ou de brouillard, qu'on l'aperçoit de 25 kilomètres.

Il existe une multitude de canaux. Les plus remarquables en France sont : le canal Napoléon, qui joint le Rhône au Rhin, et par conséquent la Méditerranée à la mer du Nord ; le canal du Languedoc, qui joint la Garonne à la Méditerranée. Celui-ci a été construit sous le règne de Louis XIV ; plusieurs montagnes ont été percées pour lui donner passage. Les canaux servent au transport des marchandises.

39. AMAS D'EAU. Les amas d'eau comprennent les *marais*, les *étangs*, les *lacs* et les *caspiennes*.

40. MARAIS. Les marais sont des amas peu profonds d'une eau stagnante, c'est-à-dire qui n'a point d'écoulement. Ils se forment le plus ordinairement au voisinage des rivières et des fleuves, dans les lieux bas qui restent couverts d'eau après les inondations ; la plupart se dessèchent ensuite pendant les chaleurs de l'été. Les marais sont très-communs dans le nord de la Russie, en Pologne, en Suède, et surtout dans l'Amérique méridionale, où des plaines immenses sont couvertes d'eau pendant une grande partie de l'année.

41. MARAIS PONTINS. Les célèbres marais pontins sont situés sur le bord de la Méditerranée, non loin de Rome. Ils occupent un espace de 30 à 35 kilomètres de long sur 8 à 9 kilomètres de large, et présentent un terrain si marécageux, qu'on ne peut ni l'habiter, ni le cultiver. Rome a eu souvent à souffrir des exhalaisons qui s'en échappent, surtout pendant les grandes chaleurs. Ils se couvrirent de maisons de campagne à la suite des travaux qu'y fit exécuter Auguste pour les assainir ; mais à l'époque de l'invasion des Barbares

elles disparurent, et les eaux s'y arrêtèrent de nouveau. Quelques papes essayèrent depuis, mais sans succès, de les dessécher.

42. MARAIS SALANTS. Ce que l'on connaît sous le nom de marais salants, sont de grands espaces peu profonds, creusés sur le bord de la mer, et qui, au moyen d'écluses, se remplissent lors des hautes marées. Dans l'intervalle des deux marées l'eau s'évapore en laissant au fond le sel dont elle était chargée. Les marais salants sont nombreux sur les bords de l'océan Atlantique, en Bretagne, en Normandie. Lorsque la quantité de sel déposé sur leur sol est assez considérable, on le recueille et on le purifie.

43. ÉTANGS. Les étangs sont des amas d'eau, plus profonds que les marais, ordinairement alimentés ou traversés par un ruisseau. Les étangs sont assez souvent construits pour retenir les eaux destinées aux irrigations. Ils servent aussi à contenir du poisson. Il existe, le long des côtes maritimes du département de l'Hérault, plusieurs étangs qui ne sont séparés de la mer que par une langue de terre très-étroite. Le plus considérable est celui de Thau, au milieu duquel on voit une source d'eau douce jaillir au-dessus du niveau de l'étang qui est lui-même salé.

44. LACS. Les lacs sont des amas d'une eau non courante entourés de tous côtés par des terres. L'eau des lacs est salée ou douce. Les lacs salés se rencontrent principalement aux environs de la mer ; on en trouve aussi en Sibérie, en Perse, etc.

Les lacs sont formés par les eaux des sources, des

ruisseaux ou des fleuves, qui s'accumulent et finissent par remplir les cavités qu'elles rencontrent à la surface du globe.

On en distingue plusieurs sortes : les uns ne reçoivent aucun cours d'eau et n'en laissent pas échapper ; d'autres ne reçoivent point de cours d'eau et donnent naissance à une rivière, et enfin il en est qui reçoivent une ou plusieurs rivières, et qui donnent naissance à un grand cours d'eau.

Il existe des lacs dans tous les pays et à toutes les hauteurs, mais l'Amérique septentrionale est la contrée du globe où ils se trouvent en plus grande quantité [1].

45. CASPIENNES. On donne le nom de *Caspiennes* à des amas considérables d'eau, ordinairement salée, situés à la surface des continents et ne communiquant avec aucune portion de l'Océan. Les caspiennes sont toutes

---

[1] Les lacs les plus remarquables sont :

1° En Europe : les lacs *Wéner*, *Wéter* et *Mélar*, en Suède ; *Ladoga*, *Onéga*, *Biélo*, *Ilmen* et *Peypous*, en Russie ; les lacs de *Genève*, de *Lucerne*, de *Neufchâtel* et de *Zurich*, en Suisse ; le lac de *Constance*, entre la Suisse et l'Allemagne ; celui de *Balaton*, en Autriche ; les lacs *Majeur*, de *Côme*, de *Garde*, de *Pérouse* ou *Trasimène*, et de *Bolséna*, en Italie ; et le lac de *Zante*, en Turquie ;

2° En Asie : les lacs *Tschany* et *Baïkal*, en Sibérie ; les lacs *Saïsan* et *Koukounor*, en Chine ;

3° En Amérique : les lacs *Supérieur*, *Michigan*, *Huron*, *Érié* et *Ontario*, dans les États-Unis ; le lac de l'*Esclave* ou de la *Fonte*, dans la Nouvelle-Bretagne ; le lac *Nicaragua*, dans le Guatémala ; le lac *Maracaïbo*, dans la Colombie, et le lac de *Los Patos*, dans le Brésil.

situées dans l'ancien continent. Plusieurs d'entre elles reçoivent des fleuves et ne laissent échapper aucun cours d'eau : dans ce cas l'évaporation qui se fait à leur surface, enlève continuellement l'eau que les fleuves y versent, et empêche leur niveau de s'élever.

En raison de leur étendue, les caspiennes ont presque toujours reçu le nom de *mer;* telles sont la mer Caspienne proprement dite, la mer d'Aral, la mer Morte. Les lacs Tchad ou Tsad, en Afrique, Ourmia et Van, en Asie, doivent aussi être considérés comme des caspiennes.

46. MER CASPIENNE. La mer Caspienne, appelée par les anciens mer d'Hyrcadie, est située entre l'Europe et l'Asie. Elle a environ 1300 kilomètres de longueur, et une largeur moyenne de 120 kilomètres. Elle est très-peu profonde et peu salée ; les cétacés, les huîtres, les harengs, les morues ne s'y rencontrent pas, mais on y voit des phoques, et à l'embouchure des fleuves on pêche des esturgeons [1], des carpes, des tortues, etc.

La mer Caspienne n'a pas d'îles ; elle ne baigne que quelques îlots peu considérables ; les marées ne s'y font pas sentir, mais les tempêtes y sont fort dangereuses, comme du reste sur toutes les mers de peu d'étendue.

47. Les eaux de la mer Caspienne sont plus basses

[1] L'esturgeon est un poisson qui a de 6 à 8 mètres de longueur ; sa chair est agréable et très-nourrissante. Avec ses œufs on prépare le *caviar*, sorte d'aliment que l'on expédie au loin, et qui fait une branche considérable du commerce d'Astrakan.

de 40 mètres environ que celles de l'Océan ; les côtes méridionales sont très-escarpées, tandis que du côté de l'est le pays ne présente que des plaines de sable jusqu'à la mer d'Aral, qui, selon toute apparence, en faisait autrefois partie.

Elle reçoit, 1° le Volga, le plus grand fleuve de l'Europe. Il prend sa source dans le gouvernement de Tver, en Russie. Les Tartares russes lui donnent le nom de *Généreux*, à cause de la grande quantité de poissons que ses eaux nourrissent. Il se jette dans la mer Caspienne par un très-grand nombre de bouches, un peu au-dessous de la ville d'Astrakan, après un cours d'environ 340 myriamètres ; 2° l'Oural, qui descend des monts Ourals et sert de limites entre l'Europe et l'Asie ; 3° le Kour, qui naît sur le versant méridional des monts Caucase.

48. MER D'ARAL. La mer d'Aral ou lac d'Aral, appelée par les Tartares *lac des îles*, est une caspienne située dans la Tartarie, en Asie. Elle a environ 380 kilomètres de longueur et 65 de largeur. Ses eaux sont peu salées, et leur surface est parsemée d'une multitude d'îlots fréquentés par des veaux marins. Une plaine sablonneuse de 300 à 400 kilomètres de largeur la sépare de la mer Caspienne, avec laquelle elle n'a cependant aucune communication visible.

La mer d'Aral reçoit deux fleuves assez importants : à l'est, le Syr-Daria, nommé autrefois Iaxartes, qui prend ses sources près des frontières de la Chine, et arrose les plaines sablonneuses du Turkestan ; au sud, l'Amou-Déria, autrefois Oxus ; ce fleuve descend des monts Bélour, aussi sur les frontières de la Chine, traverse l'Afghanistan et a un cours de 1600 kilomètres.

49. MER MORTE. Cette caspienne, aussi appelée *lac asphaltique*, était connue des anciens sous le nom de *mer maudite*. Elle est située en Syrie, et a environ 380 kilomètres carrés. Ses eaux sont salées et contiennent une grande quantité d'une substance bitumineuse, appelée *bitume de Judée* ou *asphalte*, d'où lui était venu son nom de lac asphaltique. On a cru, mais à tort, qu'elle ne nourrissait pas de poissons, et que les oiseaux qui volaient au-dessus de sa surface tombaient asphyxiés. C'était sur ses bords que se trouvaient autrefois les villes de Sodome et de Gomore, brûlées par le feu du ciel.

Le Jourdain, fleuve qui traverse le lac Tibériade, apporte à cette mer les eaux du mont Liban, et le torrent de Cédron, celles des montagnes voisines de Jérusalem.

50. LAC TCHAD ou TSAD. Le lac Tchad est une grande caspienne située dans le Soudan ou la Nigrétie, vaste contrée de l'intérieur de l'Afrique. Il a environ 890 kilomètres de tour, et ses eaux sont douces. On rencontre sur ses bords des troupes nombreuses d'éléphants, et sa surface est parsemée d'un grand nombre d'îles. Ce lac est très-peu connu. Il reçoit deux fleuves : le Yéou, à l'ouest, et le Chary au sud.

Enfin on doit aussi comprendre parmi les caspiennes le lac Ourmiah situé en Perse, et le lac Van, en Turquie. Ils ne présentent rien de bien remarquable.

CHAPITRE II.

DES EAUX MARINES OU DE L'OCÉAN.

Notions générales.

51. L'Océan est la vaste étendue d'eau salée qui environne les continents et les îles, et où se rendent les fleuves qui coulent à leur surface.

On appelle *mer intérieure* ou *méditerranée* toute portion un peu considérable de l'Océan qui s'avance dans les terres. Si cette portion n'est pas assez étendue pour porter le nom de mer, c'est un *golfe;* une *baie* ou *anse* est un petit golfe.

On donne le nom de *rade* à une petite portion de l'Océan située le long des côtes, où les vaisseaux trouvent un abri contre les vents; les endroits où il est possible de jeter l'ancre, sont appelés *mouillages;* un *port* est une rade que les travaux des hommes ont rendue plus sûre et plus commode pour charger et décharger les marchandises.

On nomme *canal*, *détroit* ou *passe* une partie de l'Océan resserrée entre deux terres, et qui unit deux mers ou deux portions de mer [1].

52. Une *île* est une étendue de terre environnée d'eau de toutes parts; on donne le nom d'*îlot* à un ro-

---

[1] Le détroit qui sépare la France de l'Angleterre, porte le nom de *Pas;* celui qui sépare la Sicile de l'Italie, celui de *Phare*, et le canal qui unit la mer Noire à la mer de Marmara, a conservé la dénomination de *Bosphore*.

cher plus ou moins considérable qui s'élève au-dessus de la surface des flots. Un *archipel* ou *groupe d'îles* est une réunion d'îles très-rapprochées.

Une *presqu'île* ou *péninsule* est une portion de terre qui ne tient au continent que par une langue de terre étroite. On appelle *isthme* la portion de terre qui unit une presqu'île au continent.

Un *cap* est une portion de terre très-élevée qui s'avance dans la mer ; quand cette portion de terre ne s'élève pas beaucoup au-dessus du niveau, c'est un *promontoire*.

53. Il y a cinq grands océans, qui sont :

1º L'océan Glacial du nord, ou Boréal, ou Arctique ; il environne le pôle nord ;

2º L'océan Glacial du sud, ou Austral, ou Antarctique ; il environne le pôle austral ;

3º L'océan Atlantique, situé entre l'Europe, l'Afrique et l'Amérique ;

4º L'océan Indien au sud de l'Asie ;

5º Et l'océan Pacifique, entre l'Asie, l'Afrique et l'Amérique.

Ces cinq océans ne sont point séparés entre eux ; ce sont des portions de la mer universelle qui enveloppe toutes les terres.

Les océans et les mers sont alimentés par les fleuves et les rivières.

54. SALURE. L'eau de la mer renferme plusieurs sels, mais surtout du sel marin ou sel commun, le même qui sert à saler nos aliments. Cent kilogrammes d'eau contiennent trois à quatre kilogrammes de matières sa-

lines. Cette quantité varie suivant les climats, les lieux et les saisons. La salure augmente vers l'équateur; elle diminue au voisinage des volcans, des pôles et près de l'embouchure des grands fleuves. Les mers intérieures sont aussi moins salées que les grands océans : il faut en excepter la Méditerranée, où la salure est un peu plus forte.

Ces sels, dissous dans les eaux marines, la rendent plus pesante, et lui communiquent une saveur amère. Cette saveur est rendue nauséabonde par la décomposition des nombreux animaux marins qui périssent et se décomposent au sein de l'Océan [1].

55. Sans la présence des sels dans l'eau de la mer et leur agitation continuelle, elles éprouveraient bientôt une putréfaction qui deviendrait fatale aux animaux qu'elles nourrissent et aux habitants de la terre eux-mêmes.

La cause de la salure des eaux marines n'est pas connue. On l'a attribuée aux particules salines que les fleuves dissolvent en passant sur les terres, et que l'évaporation laisse dans l'Océan. Quelques savants ont supposé qu'il existe au fond des mers des masses énormes de sel, mais ce ne sont là que des hypothèses.

---

[1] Le sel commun existe ailleurs que dans les eaux de la mer; plusieurs lacs, surtout ceux de l'Asie, ont des eaux salées. On le trouve aussi dans le sein de la terre en masses solides considérables, par exemple en Lorraine. Il y a en Espagne des montagnes entières qui en sont formées. Celui-ci est connu sous le nom de sel gemme.

56. COULEUR. On sait que, vue en petite quantité, l'eau est incolore; mais réunie en grandes masses, elle réfléchit les rayons de la lumière, et paraît colorée. Cette couleur est généralement un bleu verdâtre foncé. Quelques mers présentent une coloration différente indiquée par les noms qu'elles portent. Ainsi la mer Rouge, la mer Bleue, la mer Jaune ne sont ainsi nommées que parce que leurs eaux paraissent avoir ces différentes colorations. Elles proviennent d'animaux zoophytes ou de substances minérales diversement colorées, répandues dans les eaux, ou qui en tapissent le fond et les côtes.

57. NIVEAU. Les grands océans ont à peu près le même niveau; mais il n'en est pas de même des mers intérieures et des golfes. Ainsi le Zuydersée a ses eaux plus élevées que celles de la mer du Nord; la mer Rouge est plus haute que la Méditerranée de 8 à 9 mètres; le niveau de l'océan Pacifique dépasse de 7 mètres celui de l'océan Atlantique. Ces différences sont dues à des causes particulières, telles que l'action des vents, des courants, etc.

Le niveau de l'Océan a été choisi comme point de départ pour mesurer la hauteur des montagnes et des édifices. Ainsi, à moins d'indication contraire, l'élévation d'un point quelconque du globe doit toujours s'entendre au-dessus du niveau ordinaire de l'Océan.

58. PROFONDEUR. La profondeur de la mer est très-grande; dans beaucoup d'endroits on n'en trouve pas le fond. On croit cependant que cette profondeur ne va pas au delà de 8,000 mètres. On la mesure au moyen

d'un instrument appelé sonde. C'est une masse de plomb de 25 kilogrammes et davantage, attachée à une chaîne en fer ou à une corde très-forte. La plus grande profondeur que l'on ait constatée est celle de 2,500 mètres, dans l'océan Pacifique. En général les eaux les plus profondes se trouvent auprès des côtes les plus élevées et les plus escarpées.

59. **Fond de la mer.** Le fond de la mer présente peut-être plus d'inégalités que la surface de la terre. On nomme *bas-fonds*, ou *bancs de sable* les endroits où l'eau est peu profonde. Les rochers qui se montrent près du niveau et sur lesquels les vaisseaux peuvent échouer en les heurtant, sont appelés *vigies* ou *écueils*; lorsque ces rochers sont voisins de la côte et que la mer s'y brise avec violence, on les nomme *récifs* ou *brisants*.

La grande quantité d'animaux et de plantes qui se décomposent au sein de l'Océan y forment un dépôt salé et gluant. Ce dépôt ressemble à une gelée, et se rassemble au fond, sous la forme d'un enduit gras; aussi les plages que le reflux met à découvert sont si glissantes qu'on n'y marche qu'avec peine.

60. **Température.** La température ou le degré de chaleur des eaux de la mer n'est pas la même partout. On a remarqué qu'elle diminue depuis la surface jusqu'à la profondeur de 1,200 mètres, mais que plus profondément, par exemple à 1,800 mètres, elle s'accroît à mesure que la profondeur augmente.

Les sels que les eaux marines renferment sont cause qu'elles ne gèlent pas aussi facilement que les eaux douces. Aussi ce n'est qu'à la hauteur des îles Féroë que tous les golfes se couvrent de glace pendant l'hiver ; mais à 70 degrés de latitude nord les glaçons flottent en tous temps, et à 80 degrés la mer n'est plus qu'un champ de glace.

61. Phosphorescence. Dans les parties les plus chaudes du globe l'Océan parait quelquefois tout en feu pendant la nuit. D'innombrables points lumineux s'agitent à sa surface. Les vaisseaux en fendant les flots y tracent de longs sillons de feu. Ce phénomène a reçu le nom de phosphorescence. La lumière de la lune ne le fait pas disparaitre, mais il cesse d'être visible quand le soleil paraît à l'horizon. On pense généralement qu'il est dû à la présence d'une multitude d'animalcules ou animaux microscopiques qui ont la propriété d'être lumineux dans l'obscurité comme les vers luisants que dans les nuits d'été on peut voir dans nos forêts. On l'a aussi attribué à une matière phosphorée huileuse qui dans certains endroits nagerait à la surface des eaux. Cette matière serait produite par la décomposition, au sein de l'Océan, des nombreux animaux qu'il nourrit, et qui renferment, comme on sait, beaucoup de phosphore.

62. Mouvements. On distingue plusieurs sortes de mouvements des eaux marines : 1° l'agitation de leur surface ; 2° les courants ; 3° les tourbillons ; 4° les trombes marines ; 5° les marées.

L'agitation de la surface de la mer est causée par celle de l'atmosphère. Quand elle se borne à faire rouler doucement les couches supérieures de l'eau les unes sur les autres, elle forme les *lames* ; si cette agitation est plus forte et plus tumultueuse, elle produit des *flots* et des *vagues*; enfin portée au plus haut point, il y a *tempête*, et les vagues s'élèvent à des hauteurs quelquefois considérables.

Suivant les divers degrés d'agitation de la mer, on dit qu'elle est houleuse, grosse, orageuse, furieuse, etc.

63. COURANTS. On nomme courants les mouvements de l'Océan qui poussent les eaux dans certaines directions. On en connaît de deux sortes : les courants constants et les courants périodiques.

Les courants constants sont ceux qui ont lieu dans toutes les saisons avec une direction toujours la même. Les plus remarquables sont le grand courant équatoréal, le courant du golfe et les deux courants polaires.

Les courants périodiques sont ceux qui changent avec les vents et les saisons, et qui par conséquent ne courent pas constamment dans la même direction.

On ne connaît pas encore les causes qui produisent les phénomènes des courants. On les a attribués à la rotation du globe, à l'action des vents alizés, à l'évaporation plus forte sous l'équateur. Ces causes peuvent bien avoir de l'influence sur le mouvement des eaux, mais non l'expliquer d'une manière satisfaisante.

64. COURANT ÉQUATORÉAL. Le courant équatoréal est ainsi nommé parce qu'il se fait sentir principalement sous l'équateur. Il commence dans la mer des Indes, double le cap de Bonne-Espérance et se dirige vers le nord le long des côtes occidentales de l'Afrique jusqu'à l'équateur. Les côtes nord du golfe de Guinée lui opposent une barrière qu'il ne saurait surmonter; il tourne

alors à l'ouest et arrive vers le cap Saint-Roch, pointe la plus orientale de l'Amérique du Sud. Là il se partage en deux courants particuliers, dont l'un descend au sud, tourne le cap Horn, et se perd dans l'océan Pacifique, et dont l'autre se dirige vers le nord et pénètre dans la mer des Antilles et le golfe du Mexique où il prend le nom de *courant du golfe*. La largeur de ce courant varie ; à Sainte-Hélène elle est, dit-on, de 2000 kilomètres. Sa vitesse n'est pas non plus toujours la même ; elle est de 6,000 mètres par heure sous la ligne.

65. **COURANTS POLAIRES.** Il existe deux courants qui portent continuellement les eaux des pôles vers l'équateur ; on donne à ces courants le nom de *courants polaires*. Les navigateurs les ont remarqués dans les mers du nord et dans celles de l'hémisphère austral. On les attribue à l'action de la chaleur qui évaporant une grande quantité d'eau sous les tropiques, y attire celle des pôles pour compenser la perte que cette évaporation fait éprouver aux mers équatoréales.

La direction des courants polaires est indiquée par la marche des glaces détachées du voisinage des pôles : ces glaces sont entraînées assez loin dans les zônes tempérées où la chaleur les liquéfie. Toutefois on remarque que celles de l'hémisphère austral s'avancent à une latitude plus rapprochée de l'équateur, que celles venues du pôle nord ; cette différence est attribuée à l'absence de terres dans l'océan Antarctique.

66. **COURANT DU GOLFE.** De tous les courants constants le courant du golfe est le plus remarquable. Il a lieu dans l'océan Atlantique. Les marins du Nord l'appel-

lent *Gulf-Stréam*. Il commence au golfe du Mexique dont il fait le tour, et d'où il sort par le canal de Bahama. Il se dirige vers l'île de Terre-Neuve; là, il change de direction; il tourne à l'est vers les îles Açores, puis au sud, et gagne les îles du cap Vert, où il rentre dans le grand courant équatoréal. Sa plus grande vitesse est au sortir du canal de Bahama, où ses eaux parcourent 9,000 mètres par heure. Ce courant emploie environ 35 mois pour décrire cette immense courbe. La température de ses eaux a été constamment trouvée supérieure à celle des autres parties de l'Océan.

67. COURANTS PÉRIODIQUES. Il existe un grand nombre de courants particuliers à certaines mers et dont la direction varie suivant celle des vents ou suivant les saisons. Les changements de direction de ces courants se font toujours aux mêmes époques de l'année, en sorte qu'il est très-important pour les navigateurs d'en avoir une connaissance exacte.

Ainsi il existe dans l'océan Indien un courant qui porte les eaux dans la mer Rouge depuis le mois d'octobre jusqu'au mois de mai; il change alors de direction et jusqu'en octobre les eaux sont poussées dans le golfe Persique. On a remarqué que dans les mers de la Chine, à une certaine distance des côtes, les courants entraînent les eaux vers le nord-est depuis le 15 mai jusqu'au 15 août, et vers le sud-ouest, c'est-à-dire dans une direction tout à fait contraire, depuis le 15 octobre jusqu'au mois d'avril.

68. TOURBILLONS. Un tourbillon est un mouvement rapide et tumultueux qui se produit lorsque deux cou-

rants venant à se rencontrer, tournent sur eux-mêmes.

On en connaît plusieurs : ainsi l'*Euripe*, entre l'île Négrepont et le continent ou les côtes de la Grèce ; celui du détroit de Messine entre les deux rochers de Carybde et de Scylla ; mais le plus remarquable et le plus célèbre est le Maëlstrom, entre les îles Loffoden et les côtes de la Norwège. Il court avec impétuosité pendant six heures du nord au sud, et du sud au nord pendant six autres heures, toujours contre la marée, et c'est ce qui occasionne le tourbillonnement des eaux. Les vaisseaux et les grands animaux marins eux-mêmes sont entraînés dans sa course lorsqu'ils s'en approchent de trop près. Les uns et les autres sont infailliblement brisés contre les rochers qu'il bat dans son cours.

69. **Trombes marines.** Les trombes marines sont des mouvements qui se communiquent en même temps à l'atmosphère et aux eaux de la mer. Elles présentent un des phénomènes les plus désastreux et les plus redoutés des marins. Elles fracassent et engloutissent les navires qui se trouvent exposés à leur action. On les voit se produire dans toutes les mers, mais particulièrement dans celles qui sont situées sous les latitudes les plus chaudes : certaines côtes de la Méditerranée y sont surtout exposées.

La production des trombes marines s'annonce par un bouillonnement des eaux qui, en plusieurs endroits, s'élèvent au-dessus de leur niveau, avec un mouvement de tournoiement très-rapide, et sous la forme d'un cône ou d'une pyramide. En même temps des nuages de forme semblable, et tournoyant de même, semblent se précipiter sur les cônes liquides. Des détonations accompagnent souvent ce phénomène qui se termine par des torrents de pluie et de grêle.

70. MARÉES. Le mouvement le plus remarquable des eaux de l'Océan est connu sous le nom de *marées*. Il est produit par l'attraction que le soleil et la lune exercent sur notre globe. Celle du soleil n'est par trèsforte à cause de son éloignement ; celle de la lune , plus rapprochée de nous est trois fois plus grande.

Pendant six heures environ la mer monte ; elle reste stationnaire pendant un quart d'heure : c'est la *marée haute* ou la pleine mer ; puis elle baisse pendant environ six heures : c'est alors la *basse marée*. Après quelques instants elle recommence à monter, de sorte que dans l'espace de vingt-quatre heures trois quarts environ, elle monte deux fois et redescend deux fois.

On nomme *flux* ou *flot* la marée montante, et *reflux* ou *jusant* la marée descendante.

Les mers intérieures , qui ne communiquent avec l'Océan que par une ouverture étroite, comme la Méditerranée , la Baltique , ont peu ou point de marée. Les caspiennes et les lacs ne présentent rien de semblable.

La hauteur que la mer atteint pendant les marées n'est pas la même partout. Sur les côtes de France l'Océan s'élève à 10 et même 15 mètres , et de 1 seulement dans quelques parties.

71. RIVAGES DE LA MER. Suivant leur aspect les rivages de la mer sont appelés *plages , grèves , dunes* ou *falaises*. On leur donne aussi le nom général de *côtes*.

Les plages sont des terrains plats, peu élevés au-dessus du niveau des eaux, recouverts de sable et dépourvus de végétation.

Les grèves sont ces mêmes terrains recouverts de cailloux plats appelés *galets*.

Les dunes sont des monticules formées par les sables que les flots jettent et accumulent sur le rivage. On en voit surtout sur les côtes de la Manche, entre Calais et Boulogne.

Enfin les falaises sont des rochers coupés à pic, fort élevés et battus par les flots. On remarque, en général, que la mer est très-profonde auprès des falaises, tandis que c'est le contraire le long des plages.

Les falaises se trouvent communément le long des côtes occidentales des continents et des grandes îles ; ainsi celles du Chili, du Pérou, du Portugal, de la Norwège en sont formées. Les plages, au contraire, se trouvent le long des côtes tournées vers l'Orient ; telles sont celles de l'Amérique, baignées par l'océan Atlantique, celles du Bengale, etc.

CHAPITRE III.

OCÉAN GLACIAL ARCTIQUE.

72. GÉNÉRALITÉS. Cet Océan couvre le pôle nord jusqu'au cercle polaire. Il baigne les côtes septentrionales de l'Europe, de l'Asie et de l'Amérique, mais il n'y a guère que la partie voisine de ces côtes qui soit connue, car pendant neuf mois il y règne un froid excessif. Le thermomètre centigrade y descend jusqu'à 45 degrés au-dessous de zéro, et les tentatives pour atteindre le pôle, ou pour se frayer un passage par le nord vers l'océan Pacifique ont toujours échoué contre les masses énormes de glace qui s'accumulent dans ces parages.

L'été y commence vers le mois de mai. Le soleil alors apparaît, et pendant trois mois ses rayons éclairent, presque sans interruption, les régions polaires. La chaleur devient souvent assez forte pour fondre le goudron dont on enduit les vaisseaux ; elle fait monter le thermomètre jusqu'à 33 degrés au-dessus de zéro à l'ombre. Pendant ce temps les glaces éprouvent un commencement de fusion ; elles se détachent en masses considérables et sont entraînées vers le sud par le courant polaire, ce qui rend la navigation fort dangereuse.

73. On voit alors quelques plantes, des arbrisseaux rabougris se couvrir rapidement de feuillage. Une sorte de lichen, appelé lichen des rennes, couvre les rochers. Son nom lui vient de ce que les rennes le broutent avec délices ; les Esquimaux le convertissent en un pain grossier.

Les rares habitants des terres baignées par l'océan Arctique sont les Esquimaux et les Grœnlandais sur les côtes du nouveau continent, les Lapons et les Samoyèdes sur celles appartenant à l'ancien continent. La pêche attire aussi chaque année dans ces parages un petit nombre d'Européens.

Ce n'est que pendant la courte saison de l'été, c'est-à-dire de mai à août, qu'apparaissent les animaux de cet océan. Au premier rang il faut placer la baleine, les phoques, qui sont l'objet d'une pêche lucrative ; ensuite viennent les morues et les harengs qui tous les ans partent des environs du pôle, et inondent les rivages septentrionaux de l'Europe et de l'Amérique. Les eaux fourmillent surtout d'un nombre si considérable de mollusques et d'animaux microscopiques qu'elles en acquièrent une couleur vert-olivâtre foncée.

74. Les seuls quadrupèdes des terres arctiques sont : l'ours blanc, le loup, le chien des Esquimaux, l'isatis ou renard bleu et un petit nombre de rennes, de daims et de bœufs musqués. Des troupes innombrables d'oiseaux de mer, tels que des goélands, des mouettes, des pétrels, etc., s'abattent pendant l'été sur les rivages et font retentir les airs de leurs cris rauques.

Rien n'est comparable à l'horreur des hivers sous le cercle polaire. Dès la fin d'août la neige recommence à tomber, les glaces s'amoncellent et envahissent toute la surface des mers ; les animaux fuient ce séjour de désolation, et les rochers seuls, en se brisant avec fracas, interrompent le silence de ces solitudes glacées.

Le soleil reste sous l'horizon pendant environ trois mois, et sans la lueur des longs crépuscules et l'éclat des aurores boréales, qui se montrent souvent dans les régions polaires, il y régnerait une obscurité presque complète.

75. LIMITES. Les contrées que baigne l'océan Glacial arctique sont :

1° Dans l'ancien continent : le nord de la Suède, la Laponie, le nord de la Russie d'Europe et de la Russie d'Asie ou Sibérie ;

2° Dans le nouveau continent le Grœnland et toute la partie septentrionale du continent américain.

75 *bis*. MERS. Les principales mers intérieures que forme l'océan Glacial arctique sont : la *mer Blanche*, au nord de la Russie d'Europe ; la *mer de Kalgouef*, entre l'île de Kalgouef, la Nouvelle-Zemble et l'île de Waigatz ; la *mer de Kara*, entre la Nouvelle-Zemble et les rivages asiatiques ; la *mer de Liakof*, entre les îles Liakof et la Sibérie ; la *mer Polaire*, au nord de l'Amérique ; la *mer de Baffin*, entre le Grœnland et la terre du prince Guillaume, et enfin la *baie* ou la *mer d'Hudson*, au nord du continent américain.

Mer Blanche.

76. La mer Blanche s'avance entre la Laponie et le gouvernement russe d'Archangel. Elle peut être considérée comme un grand golfe, car l'eau des fleuves et des rivières qui s'y rendent est plus que suffisante pour l'entretenir, et le surplus doit refluer dans l'océan Arctique. Cette mer n'est que peu salée ; son nom lui vient de ce qu'elle est couverte de glaces pendant une grande partie de l'année. Elle reçoit le Mézen, la Dwina et l'Onéga, fleuves qui coulent en Russie et se jettent dans des golfes qui portent les mêmes noms.

Mer de Baffin.

77. La mer de Baffin s'étend entre les côtes occidentales du Grœnland, et communique par le détroit de Davis avec l'océan Atlantique, et par ceux de Lancastre et de Barrow avec la mer Polaire. Elle est sujette aux marées et presque toujours couverte de glaces.

Mer d'Hudson.

78. La baie ou mer d'Hudson, découverte au milieu du siècle dernier, est située dans la partie septentrionale de l'Amérique. Elle communique avec l'océan
Atlantique par le détroit d'Hudson et avec l'océan
Arctique par le canal de Fox. Elle est sujette aux
marées et traversée par des courants qui la débarras-
sent des glaces dont elle est encombrée pendant l'hiver. A la fin de l'été, c'est-à-dire vers le mois d'août,
elle est fréquentée par un grand nombre de baleines
qui cherchent dans ses eaux plus douces un refuge contre les froids rigoureux des mers polaires.

79. GOLFES. Les principaux golfes formés par l'océan
Glacial arctique sont : le golfe *Occidental*, entre les îles
Loffoden et les côtes de la Norwège ; le golfe de *Wa-
renger*, au nord de la Laponie ; les golfes de la *Dwina*,
de l'*Onéga*, de *Mézen* et de *Kandalaskaïa* dans la mer
Blanche ; celui de *Tschaskaïa*, entre la mer de Waigatz
et la mer Blanche ; le golfe de l'*Oby*, au nord de la Sibérie et la baie de *James*, dans la partie sud de la mer
d'Hudson.

80. DÉTROITS. Les détroits les plus remarquables formés par l'océan Glacial arctique sont :

1° Au nord de l'Amérique : les *détroits de Cumberland,
de Fox* et de *Welcome*, au nord de la mer d'Hudson et
celui de *Lancastre*, au nord-ouest de la mer de Baffin ;

2° Au nord de l'Europe : le détroit de *Waigatz*, entre
l'île de ce nom et le continent. Il a 30 à 40 kilomètres
de longueur, et comme les précédents, il est fermé

par les glaces pendant une grande partie de l'année ;

3° Au nord-est de l'Asie : le détroit de *Béring* qui sépare l'Asie de l'Amérique. Sa largeur moyenne est d'environ 50 kilomètres. Il donne passage aux eaux de l'océan Arctique qui coulent avec tant de force dans l'océan Pacifique, qu'il est très-difficile aux vaisseaux de le franchir dans la direction du sud au nord.

81. FLEUVES. Les principaux fleuves qui se jettent dans l'océan Arctique sont :

En Asie : 1° L'*Oby*, qui prend sa source dans les petits Altaï ; il traverse la Sibérie, et reçoit un très-grand nombre d'affluents dont le plus considérable est l'Irtich. Il a son embouchure dans le large golfe de l'Oby. Son cours est tranquille et les pays qu'il traverse sont très-marécageux.

2° Le *Iénisseï*, qui prend sa source dans les monts Sayanes, et se décharge après un cours rapide de près de 400 myriamètres, dans un long golfe parsemé d'îles nombreuses. Son principal affluent est l'Angara.

3° La *Léna*, qui commence dans les monts Baïkaliens, et verse ses eaux dans l'océan Glacial par plusieurs bouches. Son cours large et d'une navigation sûre, est de près de 2,600 kilomètres.

En Amérique : le *Mackensie* ; il prend sa source sur le revers oriental des monts Rocheux et coule par trois bras différents jusqu'au lac de la Fonte ou de l'Esclave. C'est à sa sortie de ce lac qu'il reçoit le nom de *Mackensie*, et se dirige vers le nord. Son cours est entrecoupé de nombreuses cascades et sujet à de grands débordements.

82. ILES ET ARCHIPELS. Les terres un peu considé-

rables que baigne l'océan Glacial arctique sont, en exceptant toutefois les côtes des continents :

1° Au nord de la Russie, les *îles Liakof* ou *Nouvelle-Sibérie*, groupe de quatre îles où les Sibériens vont chaque année à la recherche de l'ivoire mêlé aux ossements fossiles d'éléphants dont le sol est parsemé ;

2° La *Nouvelle-Zemble*, formée de deux îles assez rapprochées, est située au nord de la Laponie d'Europe et a environ 1,200 kilomètres de longueur. Elle ne présente de remarquable que quelques plantes chétives, des bêtes fauves nombreuses, un volcan et des aurores boréales fréquentes. Sous la latitude qu'elle occupe le soleil reste sous l'horizon pendant les mois de novembre et de décembre. Les habitants de Mézen vont près de ses côtes à la pêche de la vache marine ;

3° Les *îles de Waïgatz* et *de Kalgouef*, entre la Nouvelle-Zemble et le continent ;

4° Le *Spitzberg*, découvert en 1596 ; masse de rochers dont plusieurs s'élèvent à plus de 1000 mètres, et sont couverts éternellement de glaciers qui réfléchissent au loin la lumière des aurores boréales. Une petite colonie de Lapons s'y est établie, et s'occupe de la chasse des rennes, des renards et autres animaux à fourrures. Les phoques abondent pendant l'été sur les rivages ;

5° Au sud-ouest du Spitzberg, l'île de *Jean de Mayen*, où se trouve l'Esk, volcan qui jette constamment de la fumée et quelquefois des flammes ;

6° Un peu plus loin à l'ouest s'étend le *Grœnland*, vaste étendue de terres presque inhabitées, hérissée de montagnes escarpées. Le redoutable ours blanc, l'effroi de tous les animaux, s'y rencontre fréquemment, ainsi qu'une espèce de canard appelée Eider, et qui fournit le duvet connu sous le nom d'édredon ; les habitants lui font une chasse active ;

7° Enfin, plus à l'ouest et le long des rivages américains, il existe plusieurs autres îles ou presqu'îles ; mais la plupart n'ont été qu'indiquées. De ce nombre sont : les *îles de la mer de Baffin*, le *Devon septentrional*, les *îles de la Nouvelle-Géorgie*, la *terre de Banks*, celle de *Cumberland*, etc.

CHAPITRE IV.

OCÉAN ANTARCTIQUE.

83. Cet océan, appelé aussi océan Glacial du sud, n'est pas, comme le précédent, borné par le cercle polaire. Il s'étend beaucoup plus loin, mais ses limites ne sont pas bien déterminées : on les place ordinairement au parallèle qui passe par le cap Horn, extrémité la plus méridionale de l'Amérique du sud.

L'espace compris entre ce parallèle et le pôle austral présente environ 3,000,000 myriamètres carrés ; on n'y remarque aucune terre de quelque importance, et par conséquent aucune méditerranée. Quelques rochers isolés et nus, des îles inhabitées interrompent de temps en temps l'immensité de ce désert liquide. Les plus considérables sont : la *Géorgie australe*, l'*archipel de Sandwich*, le *Schetland austral* et l'*île Marion*.

84. L'été, dans ces parages, commence vers le mois de novembre; en décembre la chaleur atteint sa plus haute élévation, et en janvier la neige recommence à tomber avec abondance.

Pendant les courts mois de cet été on ne rencontre dans cet océan sans bornes, que quelques bâtiments que la pêche de la baleine et des phoques y attire. Quelques rares oiseaux, des pingouins, des pétrels, des manchots animent ses ilots déserts et dépourvus de feuillage. Dans ce court espace de temps la chaleur suffit à peine à fondre quelques pieds de la glace qui recouvre éternellement les rochers et les iles.

Toute trace d'êtres vivants disparait ensuite, et il règne un silence de mort, interrompu de temps en temps par la chute des blocs de glace qui se détachent des rochers, et que les tempêtes brisent en les heurtant les uns contre les autres.

CHAPITRE V.

OCÉAN ATLANTIQUE.

85. GÉNÉRALITÉS. La portion de l'océan qui baigne les côtes occidentales de l'Europe et de l'Afrique, et les côtes orientales de l'Amérique, a été appelée *océan Atlantique.*

Ce nom lui vient, selon les uns, d'une vaste étendue de terre nommée *Atlantide*, que les anciens ont crue avoir été submergée par ses eaux ; et, selon d'autres, de ce qu'il baigne les côtes où s'étend la chaîne de montagnes nommée *Atlas*.

Il se confond au nord avec l'océan Glacial arctique, et au sud avec l'océan Antarctique; mais l'apparition des canards sauvages au nord, et celle des albatros au sud, indique la limite de ces océans.

L'océan Atlantique est divisé sur les cartes en trois grandes portions, qui sont :

1° L'*océan Atlantique septentrional*, qui s'étend depuis le cercle polaire arctique jusqu'au tropique du Cancer;

2° L'*océan Atlantique équinoxial*, entre le tropique du Cancer et celui du Capricorne;

3° L'*océan Atlantique méridional*, depuis le tropique du Capricorne jusqu'à la latitude de la Terre-de-Feu, qui est la pointe la plus méridionale de l'Amérique.

86. La plus grande largeur de l'océan Atlantique est de 8,900 kilomètres; elle n'est que de 3,500 dans sa partie la plus étroite, entre Sierra Léone, sur la côte d'Afrique, et le cap Saint-Roch au Brésil.

Cet océan est traversé, d'orient en occident, sous l'équateur, par le courant équatoréal ou équinoxial, qui se dirige vers les côtes de l'Amérique, et se partage au cap Saint-Roch en deux courants, dont l'un pousse au sud vers le cap Horn, et l'autre au nord vers les Antilles. Sa largeur varie ; à Sainte-Hélène elle est de 200 myriamètres. Sa vitesse va jusqu'à 6000 mètres par heure sous l'équateur.

87. Outre ce courant général qui le traverse, l'océan Atlantique en a un particulier, appelé *Gulf-*

Stréam ou courant du golfe. Il commence au golfe du Mexique, dont les eaux sortent avec vitesse par le canal de Bahama, courent vers l'île de Terre-Neuve, tournent à l'est vers les Açores, et enfin au sud, pour rentrer, aux îles du cap Vert, dans le courant équatoréal.

Il est une portion de l'océan Atlantique située sous l'équateur près des côtes de l'Afrique, où les eaux deviennent quelquefois si calmes, que les vaisseaux peuvent y être retenus immobiles pendant fort longtemps sous un soleil brûlant. Aussi les navigateurs qui se rendent de l'Europe au cap de Bonne-Espérance, sont-ils obligés de faire un long détour loin des côtes de l'Afrique; plusieurs vont même toucher à Rio de Janeiro, ville de l'Amérique méridionale.

88. L'océan Atlantique nourrit une multitude innombrable d'êtres organisés; plusieurs sont poursuivis activement par l'homme, et deviennent une source de prospérité pour les pays baignés par cet océan. C'est ainsi que les Anglais, les Français, les Hollandais et les Américains arment chaque année une grande quantité de bâtiments destinés à la pêche des baleines, des morues et des harengs; les huîtres abondent le long des côtes, et des milliers de barques sont employées à la petite pêche, qui produit une abondante récolte de poissons de toutes espèces. Les dauphins, les marsouins, les cachalots se tiennent dans les parties chaudes voisines des tropiques, tandis que les baleines franches habitent de préférence les parties septentrionales et australes plus froides. Enfin les espèces de co-

quillages et de mollusques sont aussi très-répandues dans toutes les parties de cet océan.

88 *bis*. LIMITES. Les contrées que baigne l'océan Atlantique, sont :

1° En Europe : la Norwège, les îles Britanniques, la France, l'Espagne et le Portugal ;

2° En Afrique : l'empire de Maroc, le Sahara ou grand désert, la Sénégambie, la Guinée, la Cafrerie, le pays des Hottentots et le gouvernement du Cap ;

3° En Amérique : la Nouvelle-Bretagne, les États-Unis, la Colombie, le Brésil, la Plata et la Patagonie.

89. GOLFES. Indépendamment des mers intérieures, l'océan Atlantique forme trois golfes remarquables, qui sont :

1° Le golfe de Gascogne que les anciens appelaient golfe Cantabrique ou mer Aquitanique, et que l'on nomme quelquefois mer de Biscaie. Il s'étend entre les côtes occidentales de la France et les côtes septentrionales de l'Espagne. Il forme un vaste enfoncement entre ces deux contrées, et reçoit les eaux de deux fleuves importants, la Loire et la Gironde ;

2° Le golfe de Guinée, qui s'avance dans l'intérieur du continent africain. Il est remarquable en ce qu'il est parcouru par des courants qui entraînent vers les rivages les vaisseaux qui s'approchent de trop près des côtes, et les met en danger d'échouer ;

3° Le golfe Saint-Laurent, qui est en grande partie formé par le fleuve Saint-Laurent de l'Amérique du Nord. Une île assez considérable, l'île de Terre-Neuve, le sépare de l'océan Atlantique.

90. Ports. Les ports les plus importants de l'océan Atlantique sont : Brest, La Rochelle, Bayonne, en France ; Lisbonne, en Portugal ; Cadix, en Espagne ; la ville du Cap, en Afrique ; Rio de Janeiro, au Brésil, et New-York dans les États-Unis d'Amérique.

90 *bis*. Détroits. Les principaux détroits formés par l'océan Atlantique sont : le détroit de *Gibraltar*, qui l'unit à la mer Méditerranée ; le détroit de *Davis*, qui le joint à la mer de Baffin ; le détroit d'*Hudson*, par lequel il communique à la mer d'Hudson ; le canal de *la Floride*, au nord de la mer des Antilles, et la passe de la *Sombrère*, dans la même mer.

91. Fleuves. Les fleuves les plus remarquables qui ont leur embouchure dans l'océan Atlantique, sont :

1.º En Europe :

La *Loire*, qui prend sa source en France dans le département de l'Ardèche. Son cours, long de 970 kilomètres, suit la direction du nord-ouest jusqu'à Orléans, puis celle de l'ouest jusqu'à l'Océan. Son embouchure est large de plus de 12 kilomètres, et sans les sables et les bas-fonds qui y gênent la navigation, les vaisseaux de 400 à 500 tonneaux pourraient remonter facilement le fleuve jusqu'à Nantes.

La *Gironde* est le nom que porte la Garonne depuis sa jonction avec la Dordogne jusqu'à son embouchure. La Garonne est une rivière qui a sa source dans les Pyrénées espagnoles, et coule en France dans la direction du nord-ouest. Dans son cours, qui est d'environ 660 kilomètres, elle passe à Toulouse, à Agen et à

Bordeaux. Son embouchure est très-large, et la marée se fait sentir à une grande distance.

L'*Adour* commence dans le département des Hautes-Pyrénées, et se jette dans l'Océan à une lieue au-dessous de Bayonne, après un cours de 267 kilomètres.

En quittant les Pyrénées, l'Adour forme une cascade remarquable en se précipitant d'un rocher haut de 33 mètres.

Le *Minho* coule dans la Gallice, province d'Espagne, dans la direction du sud-ouest. Sur la fin de son cours il forme la limite septentrionale du Portugal.

Le *Duero* ou *Douro* prend sa source dans la vieille Castille, en Espagne; il traverse cette province, le royaume de Léon et le Portugal. Son cours, d'environ 800 kilomètres, est très-rapide, et ce n'est qu'en Portugal qu'il est navigable.

Le *Tage* commence dans l'Arragon en Espagne, coule à l'ouest en traversant les provinces de la Nouvelle-Castille, de l'Estramadure et le Portugal. Il se jette dans l'Océan près de Lisbonne après un cours de 750 kilomètres environ.

La *Guadiana* prend sa source dans la Manche, province d'Espagne, et a son embouchure dans la partie nord du golfe de Cadix. Elle coule en partie dans l'Espagne et en partie dans le Portugal. Non loin de sa source, ce fleuve se perd dans des marécages, et reparaît plus abondant 13 kilomètres plus loin. Son cours est de 650 kilomètres.

Le *Guadalquivir* a sa source et son cours tout entier dans l'Andalousie, province la plus méridionale de l'Espagne. Il passe par les villes de Cordoue et de Séville, et se jette dans le golfe de Cadix après un cours de près de 450 kilomètres.

2° En Afrique :

Le *Sénégal*, un des plus grands fleuves de l'Afrique, vient du pays appelé Fouta-Djalo, dans la Sénégambie. Il coule vers le nord-ouest et se verse par plusieurs bras dans l'océan Atlantique. Il a été découvert en 1447 par un Portugais nommé Denis Fernandez. Ce fleuve est sujet à des crues périodiques comme le Nil ; ces crues ont lieu en automne. Les rives en sont aussi infestées de crocodiles.

Le *Niger* est un fleuve considérable qui coule dans la Nigritie, et qui a ses bouches dans le golfe de Guinée. On ne sait encore que peu de choses sur ses sources et sur les pays qu'il arrose. Presque tous les voyageurs qui ont tenté d'en étudier le cours, ont été victimes de l'insalubrité du climat ou de la férocité des indigènes.

Le *Zaïre* ou *Congo* est le plus grand fleuve de l'Afrique méridionale. On ne connaît que la portion inférieure de son cours. Il se jette dans l'Océan par une embouchure large de 12 kilomètres, et avec tant de rapidité, qu'à une quarantaine de kilomètres en mer on distingue encore ses eaux à leur teinte noirâtre.

3° En Amérique :

Le fleuve *Saint-Laurent* coule dans l'Amérique septentrionale. Il prend sa source vers les limites qui séparent la Nouvelle-Bretagne des États-Unis, et sert d'écoulement aux eaux des lacs Supérieur, Michigan

Huron, Érié et Ontario. Il se décharge dans le golfe Saint-Laurent par une embouchure semblable à un bras de mer pour la largeur. Entre les lacs Érié et Ontario il est appelé Niagara, et forme la célèbre chute de ce nom. Ce n'est qu'à sa sortie du lac Ontario qu'il porte le nom de Saint-Laurent, nom qu'il conserve jusqu'à la mer. Son cours est d'environ 2,600 kilomètres.

L'*Orénoque* est un fleuve de l'Amérique méridionale. Il coule dans la Colombie, et prend sa source au centre de cette contrée dans les monts Sierra Parime. Avant d'arriver à la mer, il se divise en une multitude de bras, dont six à sept seulement sont navigables; mais la navigation y est difficile à cause des écueils nombreux et des rapides qui en embarrassent le cours. Ses bords sont infestés de caïmans ou alligators, et des peuplades féroces habitent plusieurs des provinces qu'il baigne.

Tous les ans, au mois de septembre, l'Orénoque est sujet à des débordements qui inondent ses rives à la distance de 130 kilomètres; ses eaux s'élèvent alors à 15 mètres au-dessus de leur niveau ordinaire, et leur crue se fait sentir sur presque toute la longueur du fleuve. Plusieurs de ses affluents sont aussi considérables que les grands fleuves d'Europe. Son cours est de plus de 2,600 kilomètres.

L'*Amazone* est sans contredit le plus grand fleuve du globe. Il naît sur le revers oriental de la chaîne des Andes du Pérou, et coule dans la direction de l'ouest vers l'océan Atlantique, en traversant le Pérou et le

Brésil. Il fut exploré pour la première fois, en 1,539,
par un Espagnol nommé Orellana, qui l'appela fleuve
des Amazones, parce qu'il vit sur ses bords des femmes
armées en guerre avec des peuplades voisines. On le
nomme aussi Maragnon. Son cours est rapide et a
plus de 4,500 kilomètres de longueur. Son embouchure,
située sous l'équateur même, est la plus large qu'on
connaisse; elle verse dans l'Océan une telle masse
d'eau, que l'effet s'en ressent à une grande distance
en mer, et avertit les navigateurs de la proximité du
fleuve.

Les crues périodiques de l'Amazone commencent en
septembre et octobre, et bientôt ses rives sont inondées à de grandes distances. Sur ses bords on rencontre
un grand nombre de caïmans et de moustiques.

A l'époque des plus hautes marées, qui arrivent au
moment de la nouvelle et de la pleine lune, l'Amazone
présente le curieux phénomène appelé dans le pays
Pororocca. Les eaux de l'Océan, qui ordinairement
emploient six heures pour s'élever, parviennent à cette
époque en deux ou trois minutes à leur plus grande
hauteur. Trois ou quatre flots de 5 mètres d'élévation
se suivent de près, s'avancent avec une telle impétuosité, qu'ils balaient tout ce qui se trouve sur leur
passage, et occasionnent un bruit qu'on entend à 6 ou
8 kilomètres. Ce mouvement se fait sentir jusqu'à 800
kilomètres de l'embouchure.

Le *Rio de la Plata*, dont le nom signifie rivière d'argent, à cause de la grande quantité d'argent qu'enleva
aux indigènes le premier Européen qui le remonta,

est le plus grand fleuve après l'Amazone. Il se forme de la réuion de deux cours d'eau considérables, le Parana et l'Uruguay, qui descendent des parties méridionales du Brésil, et arrosent le vaste pays appelé la Plata.

Le Rio de la Plata verse ses eaux dans l'océan Atlantique par une embouchure large de 150 kilomètres environ. Les plus gros navires pourraient le remonter à une grande distance sans les bancs de sable et les récifs dont il est semé. A l'époque des pluies, en juin et décembre, il déborde, remplit les vastes marais de Xarayes et montre ses eaux bourbeuses à plus de 250 kilomètres dans l'Océan. Son cours entier est de 3400 kilomètres.

92. ILES ET ARCHIPELS. Les îles les plus remarquables de l'océan Atlantique, proprement dit, sont:

1° Dans l'océan Atlantique septentrional : l'*Islande*, les îles *Féroé*, les îles *Orcades*, les îles *Hébrides*, la *Grande-Bretagne*[1], l'*Irlande*, l'île d'*Ouessant*, *Belle-Ile en mer*, l'île de *Noirmoutier*, l'île *Dieu*, l'île de *Ré*, l'île d'*Oléron*, les îles *Açores*, les îles de *Madère* et les îles *Canaries* qui dépendent de l'ancien continent, et l'île de *Terre-Neuve* qui dépend du nouveau continent ;

2° Dans l'océan Atlantique équinoxial : les îles du *cap Vert*, les îles *Saint-Mathieu*, de l'*Ascension*, et *Sainte-Hélène*, qui dépendent du continent africain ;

3° Enfin dans l'océan Atlantique méridional : l'île de la *Trinité*.

---

[1] Les îles Britanniques seront décrites avec les contrées de l'Europe dans la deuxième partie.

93. ISLANDE. L'*Islande* est une île située sous le cercle polaire. Elle a environ 530 kilomètres de long, sur 335 de large. Son sol ne présente que des montagnes formées de rochers nus et presque toujours couverts de neige. Plusieurs de ces montagnes sont des volcans en activité. Le plus remarquable est l'Hécla qui a 1600 mètres d'élévation, et dont les éruptions sont accompagnées de tremblements de terre ; les matières qu'il vomit sont lancées souvent à 130 kilomètres de distance.

L'Islande renferme un très-grand nombre de sources. Quelques-unes lancent des gerbes épaisses d'eau bouillante. On les connaît sous le nom de Geisers ; une d'entre elles pousse à 30 mètres de hauteur une colonne d'eau de 6 mètres de diamètre.

94. La végétation de l'Islande est très-pauvre. On n'y trouve ni forêts, ni arbres fruitiers, ni céréales. Le sol se couvre d'une espèce de lichen appelé lichen ou mousse d'Islande ; c'est presque la seule nourriture des animaux. L'île manque de bois, mais les courants de la mer amènent chaque année sur les côtes du nord et de l'est une grande quantité de troncs d'arbres, parfois garnis encore de leur feuillage, et dont l'origine n'est pas bien connue. Quelques rares prairies permettent un peu de culture, mais seulement vers les côtes, car l'intérieur de l'île reste inhabité.

Les animaux sauvages sont peu nombreux ; ce sont des renards, des corbeaux et des chats. Les oiseaux aquatiques abondent aux environs des plages, et les rochers servent de retraite à l'eider, canard sauvage qui fournit le duvet précieux que nous connaissons sous le nom d'édredon. Les habitants élèvent une grande quantité de moutons, de bœufs, de chevaux et de rennes.

95. En Islande l'été est tempéré et très-court, l'hiver long et rigoureux, surtout quand les flots ont accumulé autour des côtes, les immenses masses de glace détachées du pôle. Les aurores boréales y sont fréquentes et brillent d'un éclat remarquable.

Les habitants de l'Islande sont au nombre de 50,000 environ. Ils vivent épars sur les côtes, car la capitale de l'île, appelée Reikiavik, ne compte guère que 600 habitants. Ces insulaires sont très-attachés à leur patrie; la chasse, la pêche, l'éducation des bestiaux et la culture de quelques légumes leur procurent une sorte d'aisance, et il n'en est aucun qui ne préfère son pays, avec ses glaces, ses volcans et ses hivers, aux jouissances que promettent les villes de l'Europe policée.

L'Islande est aujourd'hui gouvernée au nom du roi de Dannemark qui la possède depuis 1387. Elle a été découverte en 861, par un Norwégien que la tempête jeta sur ses côtes.

96. L'île d'*Ouessant*, *Belle-Ile en mer*, l'île de *Noirmoutier*, l'ile *Dieu*, l'ile de *Ré* et l'île d'*Oléron* sont situées le long des côtes de France depuis le cap Finistère jusqu'à l'embouchure de la Gironde. Elles sont peu étendues, et leur géographie physique ne présente rien de remarquable. Leurs côtes sont généralement escarpées et environnées de récifs et d'écueils qui rendent la navigation difficile. On y trouve beaucoup de

marais salants qui produisent du sel recherché pour sa blancheur et sa légèreté. Les habitants s'adonnent surtout à la pêche, principalement de la sardine et des coquillages marins.

97. TERRE-NEUVE. L'île de *Terre-Neuve* est située non loin des côtes orientales de l'Amérique du nord. Elle ferme en partie le golfe Saint-Laurent du côté de l'Océan. Sa longueur est de 650 kilomètres environ et sa largeur de 480. A une petite distance sont situés plusieurs bancs de sable. Le plus considérable, à l'orient de l'île, a 530 kilomètres de long sur 130 de large. C'est là que tous les ans, vers le mois de juin, des milliers de navires sont occupés à la pêche de la morue. Cette pêche dure jusqu'au mois de septembre, et le nombre de ces poissons est à cette époque si considérable dans ces parages, que les Français seuls en rapportent annuellement environ 25 millions de kilogrammes. Les Anglais, les Américains et les Hollandais prennent aussi à cette pêche une part fort active.

98. AÇORES. Les *Açores* sont un petit archipel composé de neuf îles situées à peu près à égale distance de l'Europe et de l'Amérique. Elles ont été découvertes en 1444 par un Portugais nommé Gonçala Velho. La principale de ces îles est Terceira, où se trouve la ville d'Angra, capitale de toutes les Açores. Cet archipel est surtout remarquable par les montagnes volcaniques qu'il renferme, et les longs et fréquents tremblements de terre qu'il éprouve. En 1720 on y ressentit des secousses violentes pendant douze jours, une île nouvelle

surgit des flots, et s'y abîma après avoir jeté des flammes pendant quarante - huit heures. Le même phénomène se reproduisit en 1811. On l'attribue à des éruptions de volcans au sein de l'Océan.

Les Açores appartiennent au Portugal. Elles ont un sol très-fertile ; les fruits de l'Europe et de l'Amérique y mûrissent également bien. Leur population totale est d'environ 200,000 âmes.

99. MADÈRE. Les îles de *Madère* forment un petit groupe situé à 650 kilomètres au sud-est des Açores ; l'île de Madère est la seule importante. Elle a 90 kilomètres de longueur, et environ 40 de largeur et une population de 100,000 habitants. Elle présente de hautes montagnes dont les rochers reflètent au loin une couleur bleuâtre. Son sol est très-fertile, et produit un vin fort renommé. Elle a été découverte en 1344. Environ un siècle après, ses forêts furent entièrement consumées. L'incendie dura plusieurs années, et les terres devinrent fertiles pour longtemps par la grande quantité de cendres dont elles restèrent couvertes. Sa capitale est Funchal. Le groupe appartient aux Portugais.

100. ILES CANARIES. Les îles *Canaries*, situées près des côtes du Sahara, et à 600 kilomètres environ au sud des îles de Madère, étaient appelées anciennement îles *Fortunées*. Elles sont au nombre d'une vingtaine dont sept seulement sont habitées. Les principales sont : Ténériffe, l'île de Fer, Palma et Canarie.

Cet archipel était à peu près la limite occidentale du

monde connu des anciens. Oubliées pendant longtemps, les Canaries furent de nouveau visitées, en 1402, par les Espagnols qui massacrèrent jusqu'au dernier les indigènes appelés *Guanches*. Depuis ce temps elles sont demeurées sous la domination de l'Espagne.

Ces îles ont un sol très-fertile et produisent des vins renommés. Elles renferment plusieurs volcans, dont le plus remarquable est le Ténériffe dans l'île du même nom. Son élévation dépasse 3,700 mètres, et on le voit de 25 myriamètres en mer. La population de l'archipel entier est de 200,000 âmes.

101. ILES DU CAP VERT. Les *îles du cap Vert*, au nombre de dix, forment un archipel situé à 480 kilomètres du continent africain, vis-à-vis du cap Vert et de l'embouchure du Sénégal. Leur population est de 80,000 âmes environ. Elles ont été découvertes en 1449 par un Génois nommé Nolli. Leur sol est volcanique et peu productif. Cependant on y récolte des citrons, des oranges, des figues et des patates d'excellente qualité. On rencontre dans les montagnes une grande quantité de chèvres; les côtes abondent en tortues, et dans plusieurs îles on recueille beaucoup de sel. La principale des îles du cap Vert est San Yago. Cet archipel appartient aux Portugais.

102. ILE SAINT-MATHIEU. L'île *Saint-Mathieu* est située à 700 kilomètres du cap des Palmes, sur la côte de Guinée. Elle a été occupée pendant quelque temps par les Portugais qui l'ont abandonnée.

102 *bis*. ILE DE L'ASCENSION. L'île de l'*Ascension*, n'est en quelque sorte qu'un rocher recouvert de sable et de

lave, situé à 980 kilomètres sud-ouest de l'île Saint-Mathieu. Elle a 26 kilomètres de long et 8 seulement de large. Dans l'intérieur on ne rencontre que quelques chèvres sauvages auxquelles de rares fougères servent de nourriture. Les côtes présentent aux navires un mouillage sûr, et sont fréquentées par un assez grand nombre de tortues. Les vaisseaux qui font le voyage des Grandes-Indes s'approchent de cette île, et y envoient *faire de l'eau fraîche*, car elle possède deux sources.

L'Angleterre a entretenu sur ce roc inculte, une faible garnison, pendant tout le temps qu'a duré la captivité de Napoléon à Sainte-Hélène.

103. ILE SAINTE-HÉLÈNE. L'île *Sainte-Hélène* est éloignée de plus de 1,600 kilomètres des côtes de l'Afrique. Jean de Noya, navigateur portugais, la découvrit en 1502 le jour de Sainte-Hélène. Elle a 45 kilomètres de tour. Ses côtes sont de toutes parts des rochers coupés à pic et d'une élévation excessive ; elles forment un rempart naturel presque inaccessible. L'intérieur de l'île renferme des vallées fertiles, mais les rats et les chenilles dévastent parfois les champs. Le climat est sain et tempéré ; les chaleurs sont adoucies par les brises de mer.

Sainte-Hélène appartient à l'Angleterre ; sa population est de 3,000 habitants. C'est le lieu de relâche pour les vaisseaux qui font voile pour les Indes-Orientales. Cette île méritait à peine d'être mentionnée ; mais l'exil de l'empereur Napoléon, qui y mourut le 5 mai 1821, après cinq ans et demi de captivité, l'a rendue à jamais célèbre. James Town, résidence du gouverneur, et

Longwood, lieu désert, où reposèrent les cendres du grand capitaine jusqu'au moment où elles furent rendues à la France, sont les lieux les plus remarquables de l'île.

104. CAPS. Les principaux caps qui s'avancent dans l'océan Atlantique sont :

1° En Europe : le cap *Mizen*, au sud-ouest de l'Irlande ; le cap *Land-End*, au sud-ouest de l'Angleterre ; le cap *Finistère*, à l'ouest de l'Espagne, et le cap *Saint-Vincent*, à l'ouest du Portugal ;

2° En Afrique : le cap *Blanc* dans le Sahara ; le cap *Vert*, le cap *Sainte-Marie* et le cap *Rouge* dans la Sénégambie ; le cap des *Palmes*, dans la Guinée septentrionale ; les caps *Lopez* et *Negro*, dans la Guinée méridionale ; le cap *de Bonne-Espérance* et le cap *des Aiguilles* dans le gouvernement du cap.

3° En Amérique : le cap *Farewel*, au sud du Grœnland ; le cap *Saint-Roch*, dans le Brésil ; le cap *Froward* et le cap *des Vierges*, au sud de la Patagonie, et enfin le cap *Horn*, au sud de la Terre de Feu.

105. MERS INTÉRIEURES. L'océan Atlantique forme plusieurs mers intérieures. Les plus importantes sont : la *mer Baltique*, la *mer du Nord*, la *mer d'Irlande*, la *Manche*, la *mer Méditerranée* dans l'ancien continent, et la *mer des Antilles* dans le nouveau continent.

Mer Baltique.

106. La mer *Baltique* était appelée par les anciens *mer Suévique*. C'est une méditerranée renfermée entre la Suède, la Russie et la Prusse. Sa longueur est d'en-

viron 1550 kilomètres du midi au nord, et sa largeur moyenne de 220. Ses eaux sont, en général, claires, peu profondes et peu salées. Les vents qui les agitent et les rochers dont elles sont semées rendent la navigation de cette mer fort dangereuse. Les marées ne s'y font pas sentir, mais elle s'enfle au printemps à cause de la crue des fleuves et des torrents qui y versent leurs eaux.

On a cru pendant longtemps que le niveau de la mer Baltique s'abaissait; mais des observations plus précises ont fait soupçonner qu'au contraire ses côtes septentrionales s'élèvent insensiblement.

Les harengs pénètrent tous les ans dans cette mer, mais ils y sont plus petits que dans l'océan Atlantique. On y rencontre aussi, mais rarement, des baleines.

107. Golfes. La mer Baltique forme quatre golfes remarquables : 1° Celui de *Bothnie* au nord ; il n'est à proprement parler qu'une continuation de la Baltique elle-même ; 2° le golfe de *Finlande*, qui s'étend entre la Finlande au nord et la Livonie au sud jusqu'à Saint-Pétersbourg, et communique avec les lacs Ladoga et Onéga ; 3° le golfe de *Riga* ou de *Livonie*, au sud du précédent ; 4° enfin celui de *Dantzig* le plus petit de tous.

107 *bis*. Ports. Les ports les plus importants de la mer Baltique sont : *Copenhague*, capitale du Dannemark ; *Stockholm*, capitale de la Suède ; *Dantzig*, en Prusse et *Saint-Pétersbourg*, capitale de la Russie.

108. Détroits. La mer Baltique ne communique

qu'avec la mer du Nord au moyen de trois détroits qui sont : le *Sund*, le *grand Belt*, et le *petit Belt*.

108 *bis*. LIMITES. Les contrées que baigne la mer Baltique sont : le Dannemark, la Suède, les États de l'Allemagne, le royaume de Prusse et l'empire de Russie.

109. FLEUVES. Les fleuves les plus importants que reçoit la mer Baltique sont :

1° La *Tornéa*, qui prend sa source dans les montagnes de Norrland qui sont la portion la plus septentrionale des Dofrines ou monts Scandinaves. Ce fleuve traverse le lac Tornéa, situé non loin de sa source, et coule au sud, jusqu'au golfe de Bothnie. La Tornéa forme avec le Muonio, un de ses affluents, les limites entre la Suède et la Russie.

2° La *Duna*, qui commence dans le gouvernement de Tver, en Russie, coule à l'ouest et se jette dans le golfe de Livonie, un peu au-dessous de Riga après un cours de 640 kilomètres.

3° Le *Niémen*, qui prend sa source dans le gouvernement russe de Grodno, et après un cours d'environ 400 kilomètres, débouche par deux bras dans un petit golfe appelé Kuriches-Haff.

4° La *Vistule*, qui naît sur le versant septentrional des Carpathes, traverse la Pologne et la Prusse, et se jette en partie dans le Kuriches-Haff et en partie dans le golfe de Dantzig. Son cours est de 850 kilomètres.

5° Enfin l'*Oder*, qui descend de la Moravie, province autrichienne, traverse la Prusse, et débouche dans la Baltique par trois bras, après un cours rapide d'environ 640 kilomètres. La Wartha, un de ses affluents, le joint à la Vistule.

110. ILES ET ARCHIPELS. Les principales îles de la mer Baltique, sont:

1° Les îles russes, *Aland*, *Dago* et *Oësel*;

2° Les îles suédoises, *Oland*, *Göttland* et *Borgholm*;

3° Les îles danoises, *Fionie*, *Falster* et *Séeland*.

Ces îles sont en général couvertes de forêts de sapins, de pins et de bouleaux où abondent les loups, les renards et le linx, que l'on chasse activement pour leurs fourrures. Elles possèdent de gras pâturages, qui nourrissent de nombreux troupeaux de bêtes à corne et à laine; on y récolte aussi beaucoup de céréales. Les habitants des côtes s'occupent activement de la pêche des harengs et des phoques.

Mer du Nord.

111. La mer du Nord est un grand golfe qui commence à la hauteur des îles Schettland et s'étend entre la Suède, le nord de l'Allemagne et la Grande-Bretagne jusqu'au détroit du Pas-de-Calais, qui la sépare de la Manche. Elle forme à l'ouest un canal assez large, appelé Skagerrack, qui se recourbant vers le sud, reçoit le nom de Cattégat, et la fait communiquer par le Sund et les Belts avec les eaux de la Baltique dont elle reçoit le surplus.

La mer du Nord a un flux et un reflux considérables. Ses eaux, poussées avec force sur les côtes de l'Allemagne, les envahiraient infailliblement, sans les dunes que les sables y élèvent, et les digues que l'on y construit. Elle abonde en poissons de toutes sortes, et la pêche y est partout fort active ; celle des harengs y est surtout très-productive.

112. GOLFES. Cette mer forme un seul golfe, le *Zuydersée*, qui s'avance dans la Hollande. Il n'était autrefois qu'un lac ; mais une inondation l'a réuni à la mer du Nord. Il reçoit l'Issel qui est un des bras du Rhin.

On peut à peine mentionner les golfes de *Dornoch*, de *Murray* et d'*Édimbourg* le long des côtes de l'Écosse. Les ports les plus importants de la mer du Nord, sont : *Édimbourg*, dans l'Écosse ; *Ostende*, dans les Pays-Bas; *Dunkerque*, en France.

113. DÉTROITS. Cette mer communique aux mers voisines par trois détroits, savoir : 1° avec l'océan Atlantique par le détroit de *Peutland*, situé entre les îles Orcades et la Grande-Bretagne ; 2° avec la mer Baltique par le *Skagerrack* ; 3° avec la Manche par le *Pas-de-Calais*, qui sépare la France de l'Angleterre, et qui n'a que 30 kilomètres de largeur dans sa partie la plus étroite.

114. FLEUVES. Les principaux fleuves qui se jettent dans la mer du Nord, sont : l'*Elbe*, le *Weser*, le *Rhin*, la *Meuse*, l'*Escaut* et la *Tamise*.

L'*Elbe* prend sa source en Bohême. Il traverse cette province et les États du nord de l'Allemagne en arrosant les villes de Dresde et de Hambourg. Son cours est d'environ 800 kilomètres et la marée s'y fait sentir jusqu'à Hambourg.

Le *Weser* commence à l'extrémité méridionale du royaume de Hanovre, et traverse plusieurs États de la confédération du Rhin. Après un cours d'un peu plus de 400 kilomètres il se jette, par une assez large embouchure, dans la mer un peu au-dessous de la ville de Brémen.

Le *Rhin* descend des Alpes de la Suisse centrale, et tombe bientôt dans le lac de Constance. Arrivé à Bâle ce fleuve prend la direction du nord et sert de limites entre la France et le grand-duché de Bade. Il traverse ensuite les États de la confédération germanique et la Hollande, où il se divise en plusieurs bras. Deux de ces branches se joignent à la Meuse, une autre se jette dans le Zuydersée, et les autres se perdent dans les sables accumulés sur les côtes maritimes de la Hollande. Son cours est de 1300 kilomètres.

Peu après sa sortie du lac de Constance, et non loin de Schaffhausen, le Rhin forme une magnifique cascade, en se précipitant d'un rocher élevé de 20 mètres environ sur une largeur de 100 mètres.

La *Meuse* prend sa source en France dans le département de la Haute-Marne. Sa direction est du sud au nord. Elle baigne les départements des Vosges, de la Meuse et des Ardennes, traverse la Belgique et la Hollande, et se jette dans la mer du Nord non loin de Rotterdam. Son cours est d'environ 800 kilomètres.

L'*Escaut* a aussi sa source en France dans le département du Nord. Il passe à Cambray et entre bientôt sur le territoire belge. Un peu au-dessous d'Anvers il se divise en deux larges branches, nommées *Escaut occidental* et *Escaut oriental*, par lesquelles il se verse dans la mer, après un cours de 380 kilomètres. Les bâtiments peuvent le remonter jusqu'à Anvers ; mais les sables qui s'accumulent à ses embouchures en rendent l'accès difficile.

La *Tamise* coule en Angleterre et a sa source dans le comté de Gloucester. Elle passe à Oxfort, Windsor et Londres. Son cours est de 260 kilomètres.

115. ILES ET ARCHIPELS. Les seules îles un peu considérables que baigne la mer du Nord, sont :

1° l'île *Sylt* qui fait partie de l'archipel Jutlandais, composé d'un assez grand nombre de petites îles rangées à peu de distance des côtes occidentales du Dannemark ;

2° L'île *Helgoland*, placée vis-à-vis des embouchures du Weser et de l'Elbe ; elle appartient à l'Angleterre depuis 1814 ;

3° L'île *Texel*, qui fait partie d'un archipel qui ferme le Zuydersée.

Manche.

116. La Manche, appelée par les anciens *océan Britannique*, est une mer peu étendue, comprise entre les côtes de la France et de l'Angleterre. Elle a environ 160 kilomètres de largeur à l'ouest ; cette largeur diminue insensiblement jusqu'au Pas-de-Calais qui la termine au nord-est, et qui la fait communiquer avec la mer du Nord. Sa longueur est d'environ 440 à 450 kilomètres. Les marées s'y font sentir avec force.

Les côtes sont généralement composées de falaises escarpées ou de dunes de sable. Dans certaines portions ce sont de vastes grèves, recouvertes de galets, qui sont inondés à chaque marée montante. Des rochers à fleur d'eau rendent sur quelques points la navigation fort difficile.

La Manche présente un grand nombre d'anses et de ports, dont les principaux sont : en Angleterre, *Portsmouth* et *Plymouth* ; en France, *Cherbourg*, le *Havre-de-Grâce*, *Calais* et *Boulogne-sur-Mer*. Ses productions sont fort importantes, et la pêche y est fort active, celle surtout qui se fait le long des côtes, et que l'on appelle *cabotage*. Ces productions sont des raies, des turbots, des soles, des maquereaux, des merlans, des harengs en grande quantité; des crabes et des homards, et beaucoup de coquillages. Dans la seule rade de Cancale on prend annuellement plus de 25,000,000 d'huîtres. Les astéries ou étoiles de mer sont tellement abondantes, que les habitants voisins des rivages les emploient comme engrais.

117. FLEUVES. Un seul fleuve important se jette dans la Manche, c'est la *Seine*.

Ce fleuve prend sa source dans le département de la Côte-d'Or. Il coule dans la direction du sud-est au nord-ouest, et arrose plusieurs provinces de la France en passant à Troyes, à Melun, à Paris, à Rouen et au Havre-de-Grâce, où il se jette dans la mer par une embouchure large de 12 à 15 kilomètres.

La Seine est de bonne heure navigable ; sa navigation est sûre et facile. La marée se fait sentir jusqu'à Rouen, où remontent facilement des navires portant 200 tonneaux.

118. ILES ET ARCHIPELS. La Manche ne renferme

que trois îles remarquables : *Jersey* et *Guernesey*, qui
font partie de l'archipel des îles normandes, et sont situées près des côtes de France, et l'île de *Wight*, rapprochée de la Grande-Bretagne. Ces trois îles appartiennent à l'Angleterre.

Mer d'Irlande.

119. La mer d'Irlande est située entre la Grande-
Bretagne et l'Irlande. Elle communique avec l'océan
Atlantique au nord par le canal du Nord, et au sud
par le canal Saint-Georges. Sa plus grande largeur
de l'est à l'ouest est d'environ 250 kilomètres. Elle ne
renferme que deux îles principales : l'île de *Man*, située vers le milieu de son étendue, et l'île d'*Anglesey*
au sud. La pêche, et surtout celle du hareng, forme
la principale occupation des habitants de ses côtes.
Les baleines se montrent aussi fréquemment dans cette
mer. Elle forme un grand nombre de baies, mais elle
ne reçoit aucun fleuve digne d'être mentionné.

Mer Méditerranée.

120. La mer Méditerranée est la plus considérable
des mers intérieures. Elle est située entre l'Europe
méridionale, l'Afrique septentrionale et les côtes occidentales de l'Asie. Elle a environ 4000 kilomètres de
longueur de l'est à l'ouest ; sa largeur varie beaucoup.
Ses eaux n'ont pas de flux et de reflux sensibles, mais
leur surface est assez souvent bouleversée par d'effroyables tempêtes. Elles sont un peu plus salées que
celles de l'Océan.

La profondeur de cette mer est variable ; vers les côtes de Nice elle a été trouvée de 660 mètres, et de 900 mètres près du détroit de Gibraltar. Son niveau est à peu près le même que celui de l'océan Atlantique, mais elle est plus basse de 8 à 9 mètres que la mer Rouge, dont elle n'est séparée que par l'isthme de Suez.

Dans quelques endroits les côtes de la mer Méditerranée sont très-escarpées, par exemple en Grèce ; une partie de celles d'Italie sont composées de falaises d'un marbre très-dur et très-recherché.

121. La Méditerranée perd beaucoup d'eau par l'évaporation qui se fait à sa surface, parce que cette surface est très-grande, et que la chaleur du climat y contribue pour beaucoup. Les fleuves qui se jettent dans son bassin ne suffisent pas pour compenser cette perte, car ils sont peu nombreux et peu considérables. Aussi reçoit-elle continuellement de l'eau de l'océan Atlantique par le détroit de Gibraltar, et de la mer Noire par les détroits de Constantinople et des Dardanelles.

122. Les productions de la mer Méditerranée sont très-importantes. A la vérité on n'y pêche pas de baleines, de cachalots, de morues et de harengs, mais elle abonde en merlans, en thons, en merluches, qu'on sale comme les morues, en maquereaux, en langoustes, en oursins, en huîtres, en anchois, en baudroies, etc. ; les huîtres y sont plus grosses que dans l'océan Atlantique. Il s'y trouve des torpilles en assez grand nombre ; c'est un poisson qui fait éprouver

à celui qui le touche une secousse semblable à celle
que produit la machine électrique. Le long des côtes
de l'île de Sardaigne on prend beaucoup de tortues
couanes, dont on mange la chair et les œufs. Les coraux et les madrépores abondent dans les profondeurs
de cette mer ; les requins s'y montrent en grand nombre, mais les grands cétacés n'y pénètrent guère.

123. La mer Méditerranée forme plusieurs mers intérieures plus petites ; ce sont : la *mer de Sicile*, la *mer
Ionienne*, la *mer Adriatique* et la *mer de l'Archipel ;*
mais les masses d'eau connues sous les noms de mer
de Marmara, de mer Noire et de mer d'Azoff, n'en dépendent pas ; c'est à tort que l'on a écrit et enseigné
que ces mers sont formées par la Méditerranée, puis-
qu'au lieu d'en recevoir leurs eaux, elles lui en fournissent une grande quantité.

124. LIMITES. Les provinces que baigne la Méditerranée sont :

En Europe : les provinces de Grenade, de Murcie,
de Valence et de Catalogne, en Espagne ; celles de
Roussillon, de Languedoc et de Provence, en France ;
le royaume de Sardaigne, le grand-duché de Toscane,
les États de l'Église et le royaume de Naples, en Italie ; les provinces Illyriennes en Autriche, et les côtes
occidentales de la Turquie ;

En Asie : l'Anatolie et la Syrie ;

En Afrique : l'Égypte, les États de Tripoli et de Tunis, l'Algérie et l'empire de Maroc.

125. GOLFES. Les principaux golfes formés par la
mer Méditerranée sont :

1° Le *golfe du Lion* (qu'il ne faut pas appeler golfe de Lyon comme on le fait dans beaucoup de livres); il baigne les côtes méridionales de la France;

2° Le *golfe de Gênes*, le long des côtes du royaume de Sardaigne (terre ferme); il est ainsi nommé de la ville de Gênes, située à son extrémité;

3° Le *golfe de Tarente*, dans la mer Ionienne; il tire son nom de la ville de Tarente, dont il baigne les murs, et s'avance dans la partie la plus méridionale de l'Italie. On y pêche beaucoup de thons;

4° Le *golfe de Venise*, situé au fond de la mer Adriatique, qui n'est elle-même qu'un long golfe;

5° Le *golfe de Lépante*, qui s'enfonce dans l'intérieur de la Grèce; il fait partie de la mer Ionienne, et sépare la presqu'île de Morée du continent;

6° Les *golfes de Nauplie* et d'*Athènes*, à l'est de la Grèce; le *golfe de Salonique*, au sud de la Turquie d'Europe, et le *golfe de Smyrne*, à l'ouest de la Turquie d'Asie. Ils font partie de la mer de l'Archipel;

7° Les *golfes de Satalie* et d'*Alexandrie*, au sud de l'Anatolie, province de la Turquie d'Asie;

8° Enfin les *golfes de Cabès* et *de la Syrte*, au nord de l'Afrique.

126. **PORTS.** Les ports les plus importants situés sur les bords de la Méditerranée, sont : *Barcelone*, en Espagne; *Marseille* et *Toulon*, en France; *Nice*, *Gênes*, *Livourne* et *Naples*, en Italie; *Venise*, sur la mer Adriatique; *Smyrne*, en Anatolie; *Saint-Jean-d'Acre*, en Syrie; *Alexandrie*, en Égypte; *Tripoli*, *Tunis*, *Bone*, *Bougie* et *Alger*, en Afrique.

127. Détroits. Les détroits les plus remarquables formés par la mer Méditerranée, sont : le *canal des Baléares*, entre les iles Baléares et l'Espagne ; le *détroit de Bonifacio*, entre la Corse et la Sardaigne ; le *détroit* ou le *phare de Messine*, entre la Sicile et l'Italie, le *canal d'Otrante*, qui unit la mer Ionienne et la mer Adriatique ; le *canal de Malte*, entre la Sicile et l'ile de Malte, et l'*Euripe*, entre l'ile Négrepont et la Grèce.

Le détroit de Messine et l'Euripe sont les seuls qui méritent une mention particulière.

Le *Phare de Messine* est ainsi nommé à cause d'un fanal élevé, situé près de la ville de Messine, sur la côte de Sicile. Il est allumé pendant la nuit, pour avertir les vaisseaux du voisinage du détroit.

Dans l'endroit le plus resserré deux rochers bordent les rivages ; celui de la côte de Sicile est nommé Scylla, et celui de la côte d'Italie est appelé Carybde. Le mouvement des eaux produit en cet endroit des tournoiements qui battent les vaisseaux et les poussent vers l'un ou l'autre de ces écueils, surtout quand le vent souffle dans un sens contraire. Les anciens les redoutaient beaucoup ; mais aujourd'hui les vaisseaux y passent sans crainte.

L'*Euripe* est la portion de la mer de l'Archipel resserrée entre l'ile Négrepont et la Grèce. A certaines époques du jour, les eaux s'y élèvent en se précipitant avec vitesse, et se retirent ensuite avec la même violence.

128. Fleuves. Les fleuves les plus remarquables que reçoit la Méditerranée, sont : l'*Èbre*, le *Rhône*, le *Tibre*, le *Pô*, l'*Adige* et le *Nil*.

L'*Ebre* prend sa source sur le revers méridional des monts Cantabres. Il coule entièrement en Espagne dans la direction du nord-ouest au sud-est. Il passe à Sarragosse, capitale de la province de l'Arragon, et après un cours de 650 kilomètres, il se jette dans la mer un peu au-dessous de Tortose, en Catalogne.

Le *Rhône* descend d'une montagne voisine du mont Saint-Gothard dans les Alpes de la Suisse; il coule avec impétuosité jusqu'au lac Léman ou de Genève. Après avoir traversé ce lac, il passe à Genève et se perd bientôt sous des rochers souterrains; il reparaît un peu plus loin et coule plus tranquillement. Il suit la direction de l'ouest jusqu'à la ville de Lyon, où il reçoit la Saône; il coule ensuite au sud jusqu'à la mer, en passant à Valence, à Avignon, à Arles. A cette dernière ville il se divise en deux bras principaux, et le delta qu'ils forment, appelé Camargue, est habité pendant l'hiver par de nombreux troupeaux, qui émigrent au printemps vers les pâturages plus frais des Alpes. Le cours du Rhône a environ 640 kilomètres.

Le *Pô* est un des plus beaux fleuves de l'Europe. Il naît au mont Viso dans les Alpes du Piémont, et traverse d'abord le royaume de Sardaigne. Il coule dans la direction du sud, ayant à sa gauche le royaume Lombard-Vénitien, et à sa droite les duchés de Parme et de Modène et les États de l'Église. Il se jette dans l'Adriatique par cinq bouches, qui s'emplissent de plus en plus par les sables que le fleuve entraîne avec lui. Les villes principales qu'il baigne sont Turin et Crémone.

L'*Adige* coule entièrement dans le royaume Lombard-Vénitien. Il prend sa source dans les Alpes du Tyrol, et a son embouchure dans la mer Adriatique, à une petite distance de celles du Pô. Son cours est de 390 kilomètres.

Le *Nil* est un fleuve qui prend sa source sur le revers septentrional des monts de la Lune en Afrique. Il arrose la Nubie et l'Égypte, qu'il traverse dans la direction du sud au nord. Ce fleuve est sujet à des débordements considérables, qu'on appelle crues périodiques, parce qu'elles reviennent à des époques constantes. Elles commencent au mois de juin et durent jusqu'en septembre. Les eaux s'élèvent quelquefois de 26 mètres au-dessus de leur niveau ordinaire, et elles inondent les campagnes environnantes. Ces inondations causent seules la fertilité du sol de l'Égypte, parce que les eaux déposent sur les terres le limon qu'elles ont entraîné. Une multitude de canaux les distribuent au loin. Le Nil a plusieurs cataractes déjà célèbres dans l'antiquité ; la plus importante est celle de Syène, ville de la Haute-Égypte. Avant d'arriver à la mer, ce fleuve se divise en deux branches principales : le delta qu'elles forment, a été visiblement produit par les matières charriées et déposées par les eaux. Ce delta constitue un terrain très-étendu et d'une très-grande fertilité. Le cours du Nil est de près de 2,900 kilomètres. Ses bords sont fréquentés par un grand nombre de crocodiles. On y rencontre aussi fréquemment l'Ibis, oiseau sacré des Égyptiens, et qui fait sa principale nourriture de serpents.

129. ÎLES ET ARCHIPELS. Les îles les plus importantes de la mer Méditerranée sont : les *îles Baléares*, l'*île de Corse*, l'*île de Sardaigne*, la *Sicile*, l'*île de Malte*, les *îles Ioniennes*, l'*île Candie*, l'*île de Rhodes*, les *îles de l'Archipel* et l'*île de Chypre*.

130. ÎLES BALÉARES. Les *Baléares* sont un groupe de cinq îles situées à environ 160 kilomètres de la côte d'Espagne, dont elles sont séparées par le détroit ou canal des Baléares. Ce groupe se compose de Majorque, Minorque, Iviça, Cabrera et Formentera.

Majorque est la plus grande ; elle a 100 kilomètres de longueur et 80 de largeur. Palma en est la capitale. Cabrera n'est qu'un rocher habité par quelques pâtres et des troupeaux de chèvres. Formentera produit beaucoup de froment, d'où lui est venu son nom. Ces îles appartiennent à l'Espagne.

131. ÎLE DE CORSE. La *Corse* est une île située à 150 kilomètres au sud-est des côtes de France. Sa longueur du nord au sud est de 180 kilomètres, et sa largeur de 80 kilomètres. Elle est traversée par une chaîne de montagnes, dont les rameaux couvrent la plus grande partie de l'île. Leurs sommets les plus élevés sont constamment couverts de neige. Ces montagnes donnent naissance à plusieurs cours d'eau, mais aucun n'est assez considérable pour servir à la navigation. L'île de Corse renferme des mines de fer, de cuivre et de plomb, et des carrières de marbre. Son climat est salubre, et presque toutes les productions du sud y prospèrent. On pêche le long des côtes des huîtres, des thons, des anchois ; on recueille beau-

coup de coraux dans le détroit de Bonifacio, qui la sépare de l'île de Sardaigne. Elle forme un département
français, celui de la Corse : la ville d'Ajaccio, patrie de
Napoléon, en est le chef-lieu. Les villes principales sont
Bastia, Calvi, Corté. Population de l'île, 208,000 âmes.

132. ILE DE SARDAIGNE. La *Sardaigne* est après la
Sicile la plus grande île de la Méditerranée. Elle est
située au sud de la Corse, et le détroit qui les sépare
n'a que 4 à 5 kilomètres de largeur. La longueur de
l'île de Sardaigne est de 260 kilomètres, et sa largeur
de 130 kilomètres environ. Son sol est en partie montagneux, en partie marécageux. Les montagnes sont
couvertes de forêts : aussi les hivers y sont-ils froids.
Les marais qui s'étendent dans les vallées rendent l'air
malsain pendant les chaleurs de l'été. Les productions
de l'île sont les mêmes que celles de la Corse, et les
côtes sont fréquentées par un grand nombre de tortues
couanes, qui sont l'objet d'une pêche active, surtout
aux environs de Cagliari, capitale de l'île. La Sardaigne forme avec la Savoie un royaume dont Turin est
la capitale. La population de l'île est de 600,000 âmes.
Sassari et Oristano sont ses villes principales.

133. ILE D'ELBE. Au nord-est de l'île de Corse et à
13 kilomètres de la côte d'Italie, est située l'île d'Elbe,
qui a environ 125 kilomètres de circonférence. Elle
est renommée à cause de ses mines de fer. qui étaient
déjà exploitées du temps des Romains, et qui produisent chaque année un revenu de 3,500,000 fr. Napoléon, après son abdication en 1814, séjourna pendant
dix mois dans cette île, dont il avait la souveraineté.

Elle appartient au grand-duc de Toscane. Sa population est de 13,000 habitants, et la ville principale est Porto-Ferrajo.

134. ILES LIPARI. Les îles *Lipari* sont un petit groupe situé au nord de la Sicile, et que les anciens nommaient îles d'Éoles ou Éoliennes. Les principales sont : Lipari, Vulcano, Salina et Stromboli. Leur sol est entièrement volcanique ; quelques-uns de leurs cratères sont encore en ignition. Elles fournissent une grande quantité de pierres-ponces. La population totale des îles Lipari est de 30,000 âmes environ.

135. ILE DE SICILE. La *Sicile* est la plus grande île de la Méditerranée. Un détroit de 4 à 5 kilomètres de large, le détroit de Messine, la sépare de l'Italie. Elle a la forme d'un triangle, dont les extrémités sont terminées par trois caps ; c'est pourquoi les Grecs lui donnaient le nom de Trinacria. Elle a 280 kilomètres de longueur, et une largeur moyenne de 125 kilomètres. Une chaîne de montagnes la traverse de l'est à l'ouest ; ces montagnes abondent en grottes profondes ; elles paraissent être une continuation des Apennins. Sur la côte orientale, vis-à-vis des rivages de l'Italie, s'élève le redoutable Etna, dont les éruptions ont couvert de laves plusieurs vallées, et enseveli en 1683 la ville de Catane. L'île produit abondamment tous les végétaux des pays méridionaux. Ses villes principales sont Palerme, capitale, Catane et Messine. Elle forme avec le pays de Naples le royaume des Deux-Siciles. Sa population est de 1,800,000 âmes.

136. ILE DE MALTE. L'île de *Malte* est située au sud

de la Sicile. Un bras de mer de 80 kilomètres de largeur, appelé canal de Malte, la sépare de cette île. Elle a seulement 26 à 30 kilomètres de longueur et 16 de largeur. Sa position seule dans la Méditerranée lui a donné de l'importance, car ce n'est presque qu'un rocher recouvert de quelques pouces de terre végétale ; néanmoins ses oranges sont réputées les meilleures et ses roses les plus suaves. De 1530 à 1798 elle a appartenu aux chevaliers de l'ordre de Jérusalem, connus depuis sous le nom de chevaliers de Malte. Elle appartient maintenant aux Anglais qui y entretiennent une garnison. Ses villes principales sont Malte dans l'intérieur, et la Valette avec un port. La population de l'île de Malte est de 90,000 habitants.

137. Ile de Rhodes. L'île de *Rhodes* est située près des côtes de l'Anatolie. Elle a environ 200 kilomètres de circonférence. Son climat est doux, ses productions sont celles des contrées voisines. Sa capitale est Rhodes, ville autrefois célèbre par son colosse, placé à l'entrée du port et regardé comme une merveille du monde. Il était de bronze, haut de 33 mètres et représentait Apollon. Il fut renversé par un tremblement de terre 56 ans après avoir été érigé. La population de l'île est de 30,000 habitants. Elle appartient aux Turcs.

138. Ile Candie. L'île *Candie* était connue des anciens sous le nom de Crète. Elle ferme au sud la mer de l'Archipel. Sa longueur de l'est à l'ouest est de 260 kilomètres, et sa largeur de 38 à 40 kilomètres. Elle est traversée par une longue chaine de montagnes dont les sommets les plus élevés sont presque toujours cou-

verts de neige, malgré la chaleur du climat. Candie, capitale, possède un assez bon port. L'île appartient au pacha d'Égypte.

139. ILE DE CHYPRE. L'île de *Chypre*, située au fond de la Méditerranée, près des côtes de la Turquie d'Asie, a 200 kilomètres de longueur et 65 à 80 de largeur. Elle était autrefois renommée pour ses fruits et ses mines d'or, d'argent et de cuivre; mais aujourd'hui ses vins et les bois de construction de ses forêts forment à peu près ses seules ressources, malgré son climat délicieux. Cette île est sujette à être ravagée par des nuées de sauterelles. Sa population s'élevait autrefois à un million d'habitants; aujourd'hui elle atteint à peine 80,000 âmes. Nicosie est sa capitale. Au milieu de l'île se trouve le mont Sainte-Croix, célèbre autrefois sous le nom de mont Olympe.

140. CAPS. Les principaux caps qui s'avancent dans la Méditerranée, sont : le *cap Corse*, au nord de la Corse; le *cap Tavalaro*, au sud de la Sardaigne; le *cap Passaro*, au sud de la Sicile; le *cap Spartivento*, au sud de l'Italie; le *cap Matapan*, au sud de la Morée; le *cap Baba*, à l'ouest de l'Anatolie; et les *caps Bon*, *Serrat* et *Ceuta*, dans la Barbarie.

Mer de Sicile.

141. La mer de Sicile forme un bassin compris entre les îles de Corse, de Sardaigne, de Sicile et l'Italie. Elle était appelée par les Romains mer Tyrrhénienne, et aussi mer Inférieure, par opposition à la mer Adriatique, qui était pour eux la mer Supérieure.

Elle communique au sud avec la mer Ionienne par le détroit de Messine.

La mer de Sicile n'est pas très-profonde ; elle présente le long des côtes d'Italie plusieurs petits golfes dont les plus remarquables sont ceux de Naples et de Salerne. Les seules îles importantes qu'elle renferme sont les îles Lipari, et parmi les cours d'eau qu'elle reçoit, le Tibre mérite seul d'être mentionné.

Ce fleuve prend sa source en Toscane, sur le revers méridional des Apennins. Il traverse les États de l'Église, en coulant dans la direction du nord au sud ; il passe à Pérouse, à Rome et se jette dans la mer à Ostia. Le Tibre est un fleuve très-peu important : le voisinage seul de Rome l'a rendu célèbre.

Mer Ionienne.

142. La mer Ionienne est la partie de la Méditerranée qui a le canal d'Otrante au nord, la Turquie d'Europe et la Morée à l'est, l'Italie et la Sicile à l'ouest. Ses limites au sud seraient une ligne tirée du cap Passaro, en Sicile, et aboutissant à l'extrémité méridionale de l'île Cérigo.

Cette mer forme deux golfes importants, le golfe de Tarente et celui de Lépante ; elle ne reçoit aucun fleuve digne d'être mentionné ; ses îles sont connues sous le nom d'îles Ioniennes. Elles forment un archipel situé le long des côtes orientales et composé de Corfou, Paxo, Sainte-Maure, Thiaki, Céphalonie et Zante. Ces îles composent avec celle de Cérigo, située au sud de la Morée, une république dont la ville de Corfou est la capitale. Elles jouissent d'un climat très-doux et produisent assez abondamment des olives, des citrons, des oranges, des figues et des raisins, connus sous le nom de raisins de Corinthe. Les tremblements de terre y sont fréquents. Leur population est de 200,000 âmes.

Mer Adriatique.

143. La mer Adriatique forme un long golfe qui s'étend entre la Turquie d'Europe, l'Italie et le royaume Lombard-Vénitien. Son nom lui vient de la ville d'Hatria, aujourd'hui Adria, qui était autrefois un port important de ce golfe ; les Romains l'appelaient mer Supérieure. Sa longueur est d'environ 800 kilomètres et sa largeur de 160 kilomètres. Ses eaux sont plus salées que celles de l'Océan, et elles éprouvent légèrement l'effet des marées. Ses rives orientales sont bordées de rochers escarpés et semées de nombreux écueils, mais du côté de l'Italie les côtes sont basses et environnées de bas-fonds.

La partie septentrionale de la mer Adriatique, connue sous le nom de golfe de Venise, se remplit incessamment par les attérissements qu'y forment les fleuves et les rivières qui y versent leurs eaux. Ainsi la ville d'Adria, autrefois port, est aujourd'hui à 36 kilomètres du rivage, et le sol sur lequel est bâtie Venise a été formé par les alluvions du Pô et de l'Adige.

La mer Adriatique est jointe à la mer Ionienne par le canal d'Otrante ; les principaux fleuves qu'elle reçoit sont le Pô, l'Adige, la Brenta et le Tagliamento.

Mer de l'Archipel.

144. La mer de l'Archipel est située entre la Turquie d'Asie et la Grèce ; les anciens l'appelaient *mer Égée* : les Turcs lui donnent le nom de *mer Blanche*. Son nom de mer de l'Archipel lui vient du grand nombre d'îles qu'elle renferme et dont le groupe entier porte le nom d'*Archipel*. Elle communique au nord-est avec la mer de Marmara par un détroit appelé détroit des Dardanelles ou de Gallipoli.

Les côtes de la mer Égée sont extrêmement découpées et déchirées par des enfoncements nombreux. Les principaux golfes qu'elle forme sont : les golfes de Nauplie, d'Athènes et de Salonique à l'ouest, et le golfe de Smyrne à l'est.

La partie de cette mer comprise entre la Grèce et l'île Nègrepont est connue sous le nom d'Euripe. C'est un détroit très-resserré et célèbre pour la rapidité et l'irrégularité de son courant.

145. La mer de l'Archipel est semée d'une multitude d'îles et d'îlots qui semblent n'être que les portions les plus élevées d'un pays qu'une inondation aurait englouti. On peut les diviser en trois groupes principaux, savoir :

1° Les îles occidentales, situées le long de la Grèce ; les principales sont, en allant du sud au nord : l'île d'*Hydra*, entre les golfes de Nauplie et d'Athènes ; l'île *Colouri* ou *Salamine*, au fond du golfe d'Athènes ; l'île *Nègrepont*, autrefois *Eubée*, le long des côtes de la Grèce ; c'est la plus grande de toutes celles de l'Archipel.

2º Les Cyclades, ainsi nommées par les anciens parce qu'elles sont rangées en une sorte de cercle autour de *Paros* la principale. Parmi elles on remarque : *Milo, Siphanto, Serpho, Thermia, Zea, Andro, Tino, Paxos* et *Naxie.*

3º Les îles orientales rangées le long des côtes de la Turquie ; les plus remarquables sont : *Tasso, Lemnos, Métélin, Chio, Samos* et *Rhodes.*

Les îles de l'Archipel sont en général composées de rochers escarpés ; elles renferment des marbres précieux et dans quelques-unes on trouve des restes d'anciens volcans. Leur sol est généralement montagneux et produit assez abondamment les principales productions du midi , particulièrement des vins estimés.

146. Les amas d'eau connus sous les noms de mer de Marmara, de mer Noire et de mer d'Azof, ne sont point des mers intérieures , car ils ne sont point formés par l'Océan; ils doivent être considérés comme de grands lacs dont le surplus des eaux coule par deux détroits dans le bassin Méditerranéen. C'est donc à tort qu'on a écrit et enseigné que ces *mers* étaient formées par la Méditerranée : elles sont alimentées par des fleuves qui y versent une quantité d'eau plus que suffisante pour maintenir leur niveau ordinaire , et si nous leur conservons le nom de mers, ce n'est que pour nous conformer à l'usage général.

Mer de Marmara.

147. La mer de Marmara est située entre la mer de l'Archipel et la mer Noire avec lesquelles elle commu-

nique par deux détroits : 1º avec la mer de l'Archipel par le détroit des Dardanelles ou Hellespont , et 2º avec la mer Noire par le canal de Constantinople ou Bosphore de Thrace. La mer de Marmara sépare la Turquie d'Europe de la Turquie d'Asie. Les anciens la nommaient Propontide ; son nom de Marmara lui vient des beaux marbres (en grec *marmaros*) que renferme son île principale, appelée aussi île de Marmara. L'étendue de cette mer est d'environ 2000 kilomètres carrées.

La mer de Marmara ne reçoit aucun cours d'eau important. Elle est alimentée presque en entier par les eaux de la mer Noire qui lui viennent par le canal de Constantinople , et qui coulent par le détroit opposé dans la mer de l'Archipel. Ses eaux sont peu salées : elles sont souvent agitées par le vent du nord de manière à mettre en danger les vaisseaux.

Les ports les plus importants situés sur les bords de la mer de Marmara sont ceux de Constantinople à l'entrée du Bosphore, et de Gallipoli à l'entrée du détroit des Dardanelles.

Mer Noire.

148. La mer Noire , autrefois nommée Pont-Euxin , est située entre la Russie d'Europe et la Turquie d'Asie. Sa plus grande longueur, de l'est à l'ouest, est d'environ 1250 kilomètres , sa largeur est de 400 à 450 kilomètres. Elle baigne au nord et à l'est les côtes de la Russie d'Europe, et au sud celles de la Turquie d'Asie. Elle communique au sud avec la mer de Marmara par

le Bosphore de Thrace, et au nord avec ce qu'on appelle mer d'Azof par le détroit de Jénikalé. Son nom lui vient sans doute de ce que la surface de ses eaux a un aspect sombre.

Les côtes septentrionales de la mer Noire, sont des plages ; mais les rivages du sud sont, en général, élevés et escarpés. Ses eaux sont très-peu salées ; elles n'ont point de flux et de reflux ; aucune île importante ne se voit à leur surface dans toute l'étendue de cette mer. En été la navigation y est assez sûre, mais il n'en est pas de même en hiver où les tempêtes sont fréquentes et redoutables, comme il arrive dans toutes les mers peu étendues et fermées presque de tous côtés.

Au printemps la fonte des neiges grossit le cours des fleuves qui y versent leurs eaux, et le niveau de cette mer augmente. On y pêche en grande quantité des esturgeons, et des maquereaux.

Elle ne forme que deux golfes remarquables : ce sont ceux d'*Odessa* et de *Pérékop*, sur ses rivages septentrionaux.

La Russie possède trois ports importants sur cette mer : ce sont ceux d'*Odessa*, sur le golfe du même nom ; de *Cherson*, à l'embouchure du Dniéper et celui de *Sébastopol*, à l'extrémité méridionale de la presqu'île de Crimée.

149. FLEUVES. Elle reçoit les eaux de trois grands fleuves : le Danube, le Dniester et le Dniéper.

Le *Danube* est après le Wolga le plus grand fleuve de l'Europe ; son cours, très-rapide, est de 2500 kilomètres. Il prend sa source dans les montagnes de la

Forêt-Noire, en Allemagne, et coule dans la direction de l'est à l'ouest. Il arrose le grand-duché de Baden, le royaume de Wurtemberg, la Bavière, l'Autriche et la Turquie d'Europe. Les principales villes qu'il traverse, sont : Ratisbonne en Bavière, Linz et Vienne en Autriche, Belgrade et Silistria en Turquie. Il se jette dans la mer Noire par sept bouches.

Le *Dniester* prend sa source dans un lac sur le revers septentrional des monts Carpathes, dans la province de Gallicie, en Autriche. Après un cours rapide de 800 kilomètres, il se jette dans la mer un peu au-dessous d'Odessa.

Le *Dniéper* est un fleuve considérable de la Russie d'Europe. Il commence dans le gouvernement de Smolensk, non loin des sources du Wolga, et se jette dans le golfe d'Odessa. Son cours est de 2000 kilomètres.

Mer d'Azof.

150. La mer d'Azof, entièrement européenne, est plutôt un golfe qu'une mer proprement dite. Les anciens l'appelaient *Palus Méotides*. Elle est située au nord de la mer Noire, avec laquelle elle communique par le détroit de Jénikalé ou de Kaffa, nommé autrefois *Bosphore Cimmérien*. A l'ouest elle forme une baie, dont l'extrémité n'est séparée de la mer Noire que par l'isthme très-étroit de Pérékop. L'espace de terre, compris entre les deux mers, est la presqu'île de Crimée. La longueur de la mer d'Azof est d'environ 380 kilomètres, et sa largeur de 80 à 100 ; sa plus grande profondeur est de 12 à 15 mètres, et seulement vers le

milieu de son étendue , car le long des côtes orientales , il est souvent impossible aux bateaux d'approcher du rivage. Sa portion la plus occidentale n'est aussi qu'un vaste marais , que les Grecs appelaient *mer Putride* , à cause des exhalaisons malfaisantes qu'elle répand lorsqu'elle n'est plus recouverte par les eaux.

Les eaux de la mer d'Azof sont couvertes, pendant l'hiver, des glaces charriées par le Don ; elles peuvent servir de boisson parce qu'elles sont très-peu salées ; elles ne le deviennent que quand les vents du sud les mêlent avec celles de la mer Noire.

151. On ne remarque aucune île sur toute la surface de cette mer. Ses côtes septentrionales sont de hautes falaises escarpées , tandis que celles du sud ou de l'orient sont des plages basses et marécageuses. Celles-ci sont surtout fréquentées par un grand nombre de pêcheurs ; la pêche consiste en esturgeons et en une petite espèce de cyprin qu'on prend en très-grande quantité.

Taganrog et Azof sont les deux villes les plus importantes situées sur les bords de cette mer, et le Don est le seul fleuve remarquable qui y verse ses eaux.

Le *Don* est un fleuve qui coule entièrement dans la Russie d'Europe dans la direction du nord au sud. Il sort d'un petit lac dans le gouvernement de Toula , et se jette dans la mer d'Azof à 30 kilomètres au-dessous de la ville de ce nom. Ses eaux charrient une grande quantité de sables qui forment de nombreux alluvions. A sa droite habitent les hordes de Cosaques du Don, et à sa gauche s'étendent de vastes steppes inhabitées.

Mer des Antilles.

152. La mer des Antilles est une méditerranée qui s'étend entre les deux Amériques, et qui est séparée de l'océan Atlantique par un archipel d'îles nombreuses, appelées Antilles. On la nomme aussi *méditerranée Colombienne*, parce qu'elle baigne une partie des côtes de la Colombie, vaste contrée de l'Amérique du sud. Cette mer est partagée en deux portions inégales, l'une orientale, l'autre occidentale : la première est la mer des Antilles proprement dite, c'est la plus considérable; la deuxième est connue sous le nom de golfe du Mexique. De l'est à l'ouest elle a environ 3500 kilomètres et 1200 du sud au nord.

Les eaux du golfe du Mexique sont plus élevées de 6 mètres environ que celles de l'océan Pacifique qui baignent les côtes opposées du continent Américain. Cela est dû à ce que les vents alizés, ou brises de mer, qui soufflent de l'est, poussent les eaux de l'océan Atlantique et les accumulent dans le golfe.

C'est dans le golfe du Mexique que se fait particulièrement sentir le Gulf-Stréam ou courant du golfe.

Le flux et le reflux sont presque insensibles dans la mer des Antilles ; mais elle éprouve de fréquents *raz de marée* qui y occasionnent de grands ravages [1].

---

[1] « Dans les raz de marée, la mer, violemment agitée dans « son intérieur, s'élève à une hauteur considérable, vient « se briser avec force contre les côtes qu'elle submerge, « et y exerce un ravage qui contraste avec la tranquillité « de l'atmosphère. Les navires qui se trouvent alors près des

Les productions de cette mer sont à peu près les mêmes que celles de l'océan Atlantique. Les baleines s'y montrent depuis le mois de mars jusqu'au mois de juin. On y pêche des raies, des tortues, des homards, des huîtres, des moules, etc. ; les lamantins fréquentent l'embouchure des rivières ; les souffleurs et les marsouins voyagent par bandes, et le requin y est très-commun.

153. LIMITES. Les pays que baigne cette méditerranée, sont :

1° dans l'Amérique septentrionale, les États-Unis, le Mexique et le Guatémala ; 2° dans l'Amérique du sud, la Colombie, et 3° enfin les îles Antilles qui la séparent de l'océan Atlantique.

154. GOLFES. Les principaux golfes de la mer des Antilles sont : la *baie d'Apalache* et la *baie de Campêche*, dans le golfe du Mexique ; le golfe de *Honduras*, la baie des *Mosquites*, et les golfes de *Maracaïbo*, de *Darien* et de *Paria* au sud de la mer des Antilles proprement dite.

155. DÉTROITS. Les détroits les plus remarquables de cette mer sont : le canal de *Jucatan* et le détroit de la *Floride*, entre le golfe du Mexique et la mer des Antilles ; le canal de *Bahama* qui fait communiquer le golfe du Mexique avec l'océan Atlantique [1], et la passe

« côtes sont entraînés malgré la bonté des mouillages, et « viennent se perdre sur les rochers du rivage, s'ils n'ont pu « prévenir le danger en gagnant le large dès les premiers ins-« tants de l'agitation des flots. »

[1] Le détroit ou canal de Bahama est remarquable en ce

de la *Sombrère*, entre les grandes et les petites Antilles.

156. FLEUVES. Le Mississipi est le seul fleuve important qui verse ses eaux dans la mer des Antilles.

Ce fleuve est un des plus grands de l'Amérique septentrionale. Il prend sa source sur les limites nord des
États-Unis, et coule généralement dans la direction
du nord au sud. Après un cours de 1300 kilomètres il
se joint au Missouri, plus considérable que lui, et qui
descend des monts Rocheux. Les deux fleuves coulent
ensemble, et se rendent, sous le nom de Mississipi, dans
le golfe du Mexique, où ils se versent par plusieurs
bouches après avoir traversé plus de 4900 kilomètres
de pays. Près de deux cents rivières versent leurs eaux
dans ce fleuve, et la navigation en est très-difficile à
cause des rapides et des cascades qu'il forme. Deux
fois par an ses eaux débordent à une très-grande distance.

157. ILES ET ARCHIPELS. Les Antilles appelées aussi
Indes occidentales, sont un archipel considérable situé
tout entier dans la mer des Antilles proprement dite.

Elles forment trois groupes distincts : les Lucayes
ou îles Bahama, les grandes Antilles et les petites Antilles.

Situées sous le Tropique du Cancer, ces îles ont un
climat brûlant. Le thermomètre y descend rarement

qu'il donne passage au courant du golfe ; les eaux au sortir
de ce canal ont une vitesse de 9000 mètres par heure, malgré
un vent du nord très-violent qui souffle constamment dans
ces parages.

au-dessous de 16 degrés au-dessus de zéro , et souvent il monte jusqu'à 28 degrés ; mais alors la chaleur est étouffante. Ces îles n'ont que deux saisons : la saison sèche qui dure d'octobre à avril , et la saison des pluies ou l'hivernage qui dure d'avril à octobre. Leur ciel est presque constamment serein , et pendant la saison sèche les vents qui soufflent de l'est , qu'on nomme vents alizés , y apportent une fraîcheur et une humidité qui diminuent beaucoup la chaleur.

Les Antilles renferment plusieurs montagnes élevées , dont les sommets ne se couvrent que bien rarement d'une légère couche de neige. La plupart de ces montagnes sont des volcans éteints ; deux seulement ont brûlé depuis la découverte de l'archipel. Les grandes Antilles seules possèdent des mines d'or et d'argent , qui ne sont plus exploitées.

La végétation de ces îles ne se repose jamais ; les arbres y renouvellent sans cesse leur feuillage. La canne à sucre , le café , l'indigo , le cacao , le coton , le tabac , etc. , y sont l'objet d'une culture soignée , et forment la base du commerce de ce pays avec l'Europe ; l'arbre à pain , les patates , le maïs , servent à la nourriture de l'homme. On cultive aussi les végétaux qui produisent le girofle , la cannelle , la muscade et le poivre , ainsi qu'un grand nombre de plantes potagères.

Les animaux des Antilles sont assez nombreux ; les Européens y ont transporté les espèces domestiques de l'Europe , mais elles y dégénèrent assez promptement. Nos rats y ont passé avec les bâtiments ; ils y font des dégâts considérables. Chaque année , dans la saison des pluies, les côtes sont fréquentées par un grand nombre d'oiseaux de l'Amérique du sud, et indépendamment des couleuvres et des vipères, un serpent redoutable, le trigonocéphale fer de lance, infeste les plantations. Les insectes surtout y sont fort nombreux, et la plupart fort incommodes ; de ce nombre sont les moustiques, les chiques, les sauterelles, les fourmis, les scorpions, etc.

La race des indigènes qui habitaient les Antilles lors de la découverte de ces îles en 1492 par Christophe Colomb, a été insensiblement détruite, d'abord par les Espagnols, puis par les autres Européens qui y fondèrent des établissements. Aujourd'hui les Antilles sont habitées par des Européens, des nègres esclaves et des gens de couleur libre, c'est-à-dire dont la couleur tient le milieu entre le blanc des Européens et le noir des Nègres. On appelle Créole tout individu né dans les Antilles, quelle que soit d'ailleurs sa couleur.

158. LUCAYES. Les îles Lucayes, qu'on appelle aussi *îles Bahama*, forment un groupe composé de près de 600 îles ou îlots situés dans la partie la plus septentrionale de la mer des Antilles. Elles sont séparées du continent Américain par le nouveau canal de Bahama ; et de l'île Cuba, la plus grande des Antilles, par le vieux canal de Bahama ; au nord et à l'est elles sont entourées par l'océan Atlantique. Toutes reposent sur deux bancs de sable considérables, le grand et le petit banc de Bahama. Ces îles sont, en général, basses, unies ; quelques-unes sont assez fertiles. Elles appartiennent à l'Angleterre. La principale est celle de la Providence,

où se trouve Nassau, capitale et résidence du gouverneur. Leur population est de 15,000 habitants.

C'est dans une des îles Lucayes, à San-Salvador, que Christophe Colomb aborda en premier lieu, lors de son premier voyage au nouveau monde.

159. GRANDES ANTILLES. Les îles connues sous le nom de grandes Antilles sont au nombre de quatre, savoir :

Cuba, la plus grande et la plus occidentale des îles de la mer Colombienne ; elle fut découverte en 1492 par Christophe Colomb. Sa population est de 700,000 âmes, et sa capitale est la *Havane*. Elle appartient aux Espagnols.

Porto-Rico, la plus orientale, est avec Cuba, le reste des possessions espagnoles au nouveau monde. Sa capitale est San-Juan, et sa population de 285,000 âmes.

Haïti, située entre Cuba et Porto-Rico, est une île importante, découverte aussi par Christophe Colomb en 1492. Elle a porté le nom de Saint-Domingue jusqu'au commencement du dix-neuvième siècle, époque à laquelle les Nègres esclaves secouèrent le joug des Européens, et rendirent à l'île son nom indien d'Haïti. Sa population est d'un million d'âmes. Le gouvernement de l'île est une république dont Port-au-Prince est la capitale.

La *Jamaïque*, située au sud de l'île de Cuba, est la plus importante des Antilles, sinon par son étendue, au moins par son industrie. Elle appartient aux Anglais. La capitale est Kingston et la population de l'île est de 500,000 âmes.

160. Petites Antilles. Les îles désignées sous le nom de petites Antilles, sont très-nombreuses; elles forment un demi-cercle qui sépare à l'est la mer des Antilles de l'océan Atlantique, et se continue le long des côtes septentrionales de la Colombie. On les divise ordinairement en deux groupes: les îles du vent et les îles sous le vent.

Les îles du vent, appelées aussi *îles Caraïbes*, s'étendent depuis Porto-Rico, la plus orientale des grandes Antilles, jusqu'à l'île de la Trinité qui est située à l'embouchure de l'Orénoque près de la côte de la Colombie. On les appelle *îles du vent* à cause de leur situation qui les expose aux vents d'est ou vents alizés qui soufflent presque toujours dans ces pays.

Les îles *sous le vent* sont situées le long de la côte septentrionale de l'Amérique du sud qui les met à l'abri des vents d'est.

Les principales des petites Antilles sont : la *Guadeloupe*, la *Martinique* et *Marie-Galante*, qui appartiennent à la France ; la *Barbade*, la *Grenade*, la *Trinité* et *Tabago*, qui appartiennent à l'Angleterre ; *Saint-Thomas*, *Saint-Jean* et *Sainte-Croix* qui appartiennent au Dannemark.

161. Guadeloupe. La *Guadeloupe* est située parmi les îles du vent dont elle est une des plus considérables ; elle a 80 myriamètres de tour. Un canal, appelé *rivière salée*, la partage en deux parties, une orientale, la *Grande-Terre*, et une occidentale, dite *Basse-Terre*. Elle forme avec la *Désirade*, *Marie-Galante*, les *Saintes*, et les deux tiers de l'île *Saint-Martin* une colonie ou gouvernement, que l'on appelle *Antilles françaises*.

L'île est divisée en 25 quartiers; sa population est de 9600 âmes. Elle a 6 bourgs et seulement 2 villes, dont l'une est *Basse-Terre*, dans la portion de l'île de ce nom, capitale de la colonie, et l'autre *Pointe à Pitre*, dans la Grande-Terre.

La *Basse-Terre* est occupée au centre par une chaîne de montagnes, du flanc desquelles se précipitent vers la mer plus de soixante torrents impétueux. Une de ces montagnes, la Soufrière, élève à 1550 mètres un large cratère, d'où s'échappe constamment une fumée sulfureuse. Dans quelques endroits la terre est brûlante à 60 centimètres au-dessous du sol; des fontaines d'eau bouillante surgissent çà et là; une d'elles s'élève au sein des flots à 2 ou 3 mètres du rivage, et échauffe l'eau marine au point que des œufs y peuvent cuire en très-peu de temps.

La *Grande-Terre* est une plaine fertile, dépourvue de montagnes et de forêts, et sujette à de grandes sécheresses. Elle est couverte en beaucoup d'endroits de marais rendus très-insalubres par les mangles et les palétuviers qui y croissent. Le port de Pointe à Pitre, situé dans cette partie de l'île, est le seul de la Guadeloupe qui offre aux vaisseaux un refuge assuré contre les raz de marée qui bouleversent parfois la mer des Antilles.

162. LA MARTINIQUE. La *Martinique* est la plus considérable des petites Antilles; elle a environ 250 kilomètres de tour. Elle fut découverte par Christophe Colomb en 1493. Son sol est hérissé en beaucoup d'en-

droits de montagnes escarpées et de mornes incultes : le tiers seulement de l'île est susceptible de culture, mais néanmoins très-fertile. Les ouragans y sont moins fréquents qu'à la Guadeloupe. L'île possède une vingtaine de villages, quatre bourgs et deux villes, qui sont : Fort-Royal, sur le meilleur port des Antilles, et Saint-Pierre, centre du commerce de la colonie. Sa population est de 114,000 âmes.

Ce fut dans la Martinique qu'en 1723 furent plantés les premiers pieds de café, qui depuis s'est répandu dans toutes les Antilles, et est devenu une des principales sources de leur prospérité.

163. Les Saintes. Les *Saintes* sont un petit groupe de deux îles, deux îlots et deux rochers, situés à 9 kilomètres au sud de la Guadeloupe. Leur sol est aride et se compose de mornes entremêlés de quelques vallées fertiles, qui fournissent le meilleur café des Antilles. L'importance de ce groupe consiste en ce qu'il forme un port qui présente le mouillage le plus sûr aux vaisseaux qui en temps de guerre sont chargés de protéger la communication entre la Martinique et la Guadeloupe. La population des Saintes est de 1200 habitants, disséminés dans une centaine de demeures éparses.

164. Marie-Galante. L'île connue sous le nom de *Marie-Galante*, est située à 34 kilomètres au sud de la Guadeloupe ; elle a 16 à 18 kilomètres de longueur et autant de largeur. Elle est bordée de hautes falaises escarpées et de rochers contre lesquels la mer se brise avec fureur : aussi ce n'est que vers l'ouest, où les

côtes sont basses, que les bâtiments peuvent aborder. Cette île est extrêmement fertile ; c'est une des plus productives des Antilles françaises, quoiqu'elle n'ait pas de rivières, et que les habitants soient réduits à recueillir l'eau des pluies pour les usages domestiques. Elle n'a point de ports. Sa capitale est le *Grand - Bourg*, et sa population est de 12,000 âmes.

165. LA DÉSIRADE. La *Désirade* est une petite île située à l'est de la Guadeloupe, dont elle est séparée par un canal de 9 à 10 kilomètres de largeur. Ce n'est, à proprement parler, qu'un amas de mornes ou de rochers coupés à pic d'un côté et en pente allongée de l'autre ; elle est environnée de récifs et de bancs de sable nombreux. Sa longueur est de 10 kilomètres, et sa largeur de 4 à 5. Elle ne possède ni ports, ni rades, mais seulement un mouillage un peu sûr. Son sol est aride, volcanique ; le coton en est presque la seule production importante, aussi est-il le meilleur des Antilles ; l'air y est pur, et les habitants des côtes s'occupent activement de la pêche. La population de l'île est de 1300 habitants.

166. ANTILLES ANGLAISES. Outre la Jamaïque, les Anglais possèdent dans la mer des Antilles la *Trinité*, *Tabago*, la *Grenade*, *Saint-Vincent*, la *Barbade*, *Sainte-Lucie*, la *Dominique* et quelques autres îles d'une moindre importance.

La *Trinité*, située près de l'embouchure de l'Orénoque, a 24 myriamètres de tour et une population de 50,000 âmes. Ses côtes offrent de bons mouillages, et elles sont fréquentées par un grand nombre de tortues ; on y pêche aussi des huîtres d'excellente qualité.

Tabago est située à 24 kilomètres de la Trinité. Elle a environ 24 myriamètres de superficie. Ses montagnes sont des monticules arrondis, tandis que dans les autres Antilles elles sont formées de rochers nus et coupés à pic. Son climat est aussi plus salubre, et elle est beaucoup moins exposée aux ouragans que les îles voisines. Sa population est de 16,000 âmes.

La *Grenade* est située à 100 kilomètres au nord-ouest de Tabago. C'est une île très-fertile, mais l'humidité et la chaleur auxquelles les plaines sont exposées, y développent des fièvres fatales aux Européens, tandis qu'un froid vif règne dans les montagnes. Sa population est de 34,000 âmes.

L'île *Saint-Vincent* a été découverte en 1672. Son sol, formé des débris des laves d'un ancien volcan, jouit d'une très-grande fertilité, et produit surtout du sucre, du coton et de l'indigo. Sa population est de 32,000 âmes.

La *Barbade* est la plus orientale des îles Antilles ; sa superficie est d'environ 26 myriamètres carrés. Son climat est très-sain, mais elle est exposée à des ouragans très-violents. Le chef-lieu est *Bridgetown*, sur une baie commode et spacieuse, pouvant contenir 500 vaisseaux. La population de l'île est de 120,000 âmes.

Sainte-Lucie, située à 36 kilomètres au sud de la Martinique, a une superficie de 33 myriamètres et une population de 17,000 âmes. Son sol est montagneux et très-fertile ; l'air en est malsain et la fièvre jaune y exerce de fréquents ravages. Carénage, son chef-lieu, a un port exempt des ouragans qui désolent parfois les autres parties de la mer des Antilles.

La *Dominique* est située entre la Martinique et la Guadeloupe. Sa superficie est de 25 myriamètres, et de hautes montagnes, dont plusieurs sont des volcans non encore éteints, la couvrent en grande partie. Elle produit du café qui rivalise avec celui des îles voisines. Sa population est de 20,000 habitants.

167. ANTILLES HOLLANDAISES. Les seules possessions des Hollandais dans la mer des Antilles sont : *Saint-Eustache*, rocher élevé, presque inaccessible, et qui produit dans quelques endroits du tabac estimé ; *Saba*, à 20 kilomètres de Saint-Eustache, environnée d'écueils et de bancs de sable qui en rendent l'approche difficile ; *Saint-Martin*, dont la partie nord est occupée par les Français, et la partie sud par les Hollandais ; *Curaçao*. île aride, riche en salines et en métaux, et Buen-Ayres, où les habitants des îles voisines vont rétablir leur santé.

167 *bis*. ANTILLES DANOISES ET SUÉDOISES. Les Danois ne possèdent dans la mer des Antilles que trois îles : *Sainte-Croix*, *Saint-Jean* et *Saint-Thomas*. Leur population n'excède pas 50,000 âmes, et leur superficie compte à peine 20 myriamètres carrés. Les seules possessions de la Suède dans cet archipel se bornent à l'île *Saint-Barthélemy*, située à 16 kilomètres au sud-est de l'île Saint-Martin ; c'est une île dépourvue de sources, et dont les côtes sont dangereuses pour les vaisseaux.

CHAPITRE VI.

OCÉAN INDIEN.

168. GÉNÉRALITÉS. On donne le nom d'*océan Indien*
ou de *mer des Indes* à la partie de l'Océan qui a l'Asie
au nord, la Nouvelle-Hollande et les îles Asiatiques à
l'est, et l'Afrique à l'ouest. Il se confond au sud avec
l'océan Antarctique. Son nom d'océan Indien lui vient
de ce qu'il baigne les régions méridionales de l'Asie,
arrosées par le fleuve *Indus*, et connues sous le nom
d'Inde. Cet océan est partagé par l'équateur en deux
parties presque égales, et il se trouve presque entièrement compris entre les deux tropiques. Il communique
à l'ouest avec l'océan Atlantique, et à l'est avec l'océan
Pacifique ou le Grand-Océan : aussi ses eaux se res-
sentent du voisinage de ces deux mers, car elles sont
un peu plus salées du côté de l'Atlantique que du côté
de l'océan Pacifique.

L'océan Indien est traversé par plusieurs courants,
dont les plus remarquables sont : 1° le courant polaire,
qui vient de l'océan Antarctique et pousse les eaux dans
la direction du nord, le long des côtes occidentales
de la Nouvelle-Hollande, jusqu'au golfe du Bengale,
dont elles font le tour. De Ceylan le courant se dirige
vers l'île Madagascar, et accélère beaucoup le voyage
des Indes en Europe ; 2° le courant équatoréal, qui a
été remarqué aussi dans cet océan, quoique sa marche
y soit moins régulière que dans l'océan Atlantique.
Ces deux courants ne se font pas sentir dans le golfe

d'Oman à cause du peu de profondeur de ses eaux ; mais cette partie de la mer des Indes éprouve des courants périodiques, produits par les vents moussons, et qui poussent les eaux pendant six mois vers l'est, et pendant les six autres mois vers l'ouest.

169. Les productions de l'océan Indien sont celles de toutes les mers chaudes du globe ; quelques-unes cependant lui sont particulières. Les baleines s'y montrent assez fréquemment, et le requin y est l'objet d'une pêche assez productive ; il en est de même de l'espadon, poisson dont la chair est délicate, et que l'on pêche à la lueur des flambeaux pendant les nuits les plus obscures. On rencontre, surtout aux environs de Madagascar et des îles Mascareignes, le poisson nommé *voilier* ou *porte-glaive*, qui est pour les marins le présage des tempêtes, car il semble se jouer au sein des flots en furie. Les cachalots, qui se tiennent de préférence dans les mers les plus chaudes, abondent dans toutes les parties de cet océan [1]. On y recherche avidement un mollusque analogue à l'huître, appelé pindatine margarifère, qui produit les perles ; les plus belles viennent des environs de l'île Ceylan et des îles Bahréïn, dans le golfe Persique. L'embouchure des fleuves est infestée de nombreux crocodiles, mais leur présence n'empêche pas la pêche des esturgeons,

---

[1] Une espèce, le *cachalot à grosse tête*, fournit la matière odorante connue sous le nom d'*ambre gris ;* on la trouve parfois dans le canal alimentaire de l'animal, mais principalement à la surface de la mer, aux environs des îles de Madagascar, de Sumatra, sur la côte de Coromandel, etc.

des saumons, des anguilles, des tortues, etc., qui y sont aussi forts abondants. Enfin plusieurs parties de l'océan Indien sont habitées par une multitude d'animaux madréporiques, de coraux et de zoophites.

L'océan Indien éprouve d'une manière très-marquée l'effet des marées, qui se font sentir jusque dans le golfe Persique et la mer Rouge, parce que l'ouverture de ces golfes est très-large et tournée vers le point d'où le mouvement des eaux arrive. A l'embouchure de l'Indus ou Sind, l'élévation des eaux atteint 10 mètres, et dans les principales branches du Gange et de la Mégna[1] il se produit, au moment des marées, une barre d'eau, appelée dans le pays *bore*. C'est surtout pendant les marées du printemps que le bore est le plus redouté. A Calcutta les eaux s'élèvent subitement de deux mètres, et dans la Mégna elles atteignent quatre mètres d'élévation ; à cette époque les bateaux quittent les bords, et il n'est aucun pêcheur qui se hasarderait impunément à passer au-dessus des îles qui bordent l'embouchure de la rivière.

170. **Détroits.** Les principaux détroits formés par l'océan Indien sont : le *canal de Mozambique*, le *détroit de Bab-el-Mandeb*, le *détroit d'Ormuz* et le *détroit de Palk*.

Le *canal de Mozambique* s'étend entre les côtes de Sofala et de Mozambique, à l'est de l'Afrique et celles de Madagascar. Il a environ 200 myriamètres de longueur et 80 dans sa plus grande largeur.

[1] Nom qu'on donne au Gange après sa réunion au Bramapoutre.

Le *détroit de Bab-el-Mandeb* unit la mer des Indes á la mer Rouge. Son nom de Bab-el-Mandeb signifie porte de deuil ou détroit des naufrages, à cause des bancs de sable et des bas-fonds dont il est semé.

Le *détroit d'Ormuz* est situé entre le golfe d'Oman et le golfe Persique ; sa largeur est d'environ 8 myriamètres. C'est dans le port de Bender Abassy, situé sur ce détroit, qu'on pêche les perles les plus belles.

Le *détroit de Palk* sépare l'ile de Ceylan du continent asiatique. Il est semé d'une multitude de petits îlots et de bancs de sable, qui joignent presque l'ile Ceylan à l'Hindoustan.

171. Golfes. Les golfes les plus remarquables de l'océan Indien sont : le *golfe Arabique*, le *golfe d'Oman*, le *golfe Persique* et le *golfe du Bengale*.

171 bis. Golfe Arabique. Le *golfe Arabique*, appelé aussi *mer Rouge*, est un long golfe qui s'étend entre l'Arabie et l'Afrique. Sa longueur est d'environ 180 myriamètres et sa largeur de 20. Les anciens le connaissaient sous le nom de *mer Érythréenne;* son nom de mer Rouge lui vient de la présence dans ses eaux d'une espèce de zoophyte, de couleur rouge, et qui est assez abondante pour leur donner cette couleur.

Ce golfe ne reçoit aucun cours d'eau ; ses côtes sont bordées de nombreux récifs, et ce n'est que dans le milieu de sa largeur que les bâtiments peuvent naviguer commodément ; toutefois l'entrée et la sortie des vaisseaux sont invariablement fixées par les vents du sud et du nord, qui soufflent seuls et d'une manière périodique à cette latitude.

La mer Rouge n'a point d'îles ; la seule terre qui mérite ce nom est l'île de Bab-el-Mandeb, située au milieu du détroit de ce nom ; elle n'a aucune importance.

172. GOLFE PERSIQUE. Le golfe Persique, appelé aussi *mer Verte*, s'avance entre l'Arabie et la Perse dans la direction du sud-est au nord-ouest. Sa longueur est de 110 myriamètres et sa largeur de 30. Ses eaux sont peu profondes : les sables entraînés par le Tigre et l'Euphrate, et les travaux des nombreux madrépores qu'elles nourrissent, menacent de combler entièrement le golfe. La marée s'y fait sentir avec assez de force pour que les habitants des côtes septentrionales soient obligés d'élever des digues, afin de prévenir les inondations qui les menacent. Le golfe Persique communique avec la mer d'Oman par le détroit d'Ormuz. Du côté de l'Arabie les côtes sont en général des plages ; mais celles de la Perse sont élevées et environnées de beaucoup d'îles et d'îlots, la plupart peu importants. Le seul groupe remarquable est celui des îles Bahréïn situé près des côtes d'Arabie et renommé par l'importance de la pêche des perles qui s'y fait.

Le Chat-el-Arab est le seul cours d'eau remarquable qui se jette dans le golfe Persique.

173. GOLFE D'OMAN. Le *golfe d'Oman* ou d'*Arabie*, appelé aussi *mer d'Oman*, est un vaste enfoncement de l'océan Indien entre l'Hindoustan à l'est, le Bélouchistan au nord et l'Arabie à l'ouest. Les golfes Arabique et Persique n'en sont que des dépendances.

Les eaux du golfe d'Oman sont beaucoup moins profondes que celles des autres parties de l'océan Indien. L'Indus ou Sind est le seul fleuve important qui y verse ses eaux.

174. GOLFE DU BENGALE. La partie de l'océan Indien, appelée *golfe du Bengale*, est comprise entre la presqu'île de Malacca et l'empire Birman à l'est, le Bengale au nord et l'Hindoustan à l'ouest. Elle était connue anciennement sous le nom de *golfe du Gange*. Ce golfe forme deux enfoncements plus petits, savoir : le *golfe de Martaban*, à l'ouest, et le *golfe de Manaar*, entre l'île Ceylan et l'extrémité méridionale de l'Hindoustan. Il renferme plusieurs îles importantes : Ceylan, les îles Andaman, les îles Nicobar et l'archipel de Mergui. Quatre grands fleuves y versent leurs eaux, ce sont : le Gange, au nord, l'Irraouady et le Bourampoutre à l'est, et le Godavery à l'ouest.

Le golfe du Bengale est la plus importante portion de la mer des Indes ; il est en tout temps fréquenté par un grand nombre de navires marchands qui vont charger les produits des Indes, et y transportent les marchandises d'Europe. Le port de Calcutta, situé au fond de ce golfe, sur une des branches du Gange et à 15 myriamètres de son embouchure, est le rendez-vous de la plus grande partie des bâtiments et le centre du commerce de l'Asie.

175. CAPS. Les caps les plus remarquables qui s'avancent dans l'océan Indien, sont : les *caps Orfui* et *Guardafui*, sur la côte d'Afrique ; le *cap Rasalgat*, en Arabie, et le *cap Comorin*, à l'extrémité de l'Hindoustan.

176. FLEUVES. Les principaux fleuves qui se jettent dans l'océan Indien, sont :

1° L'*Irraouady*, qui prend sa source sur le revers septentrional des montagnes du Thibet; il coule d'abord dans la direction de l'ouest à l'est, puis du nord au sud en traversant l'empire Birman, dont il baigne la capitale Oummérapoura. Avant d'arriver à la mer, il se divise en plusieurs branches, qui sont navigables sur une grande étendue. Il se jette dans le golfe de Martaban après un cours d'environ 350 myriamètres;

2° Le *Bourampoutre* ou *Brahmapoutre*, qui coule des montagnes du nord de l'empire Birman dans la direction du nord-est au sud-ouest, et après s'être grossi d'une partie des eaux du Gange, se jette dans le golfe du Bengale sous le nom de Mégna ;

3° Le *Gange*, qui est un des principaux fleuves qui coulent en Asie; il commence dans les montagnes de l'Himalaya, et traverse les plus belles provinces du Bengale. Déjà à 40 myriamètres de la mer, il se divise en un très-grand nombre de bras, dont un des principaux, appelé Hougly, passe à Calcutta. Le Gange est navigable sur la plus grande partie de son cours. Son nom signifie *fleuve par excellence*, et les Indiens le regardent comme tellement sacré, qu'un grand nombre se précipitent au sein de ses eaux, dans la croyance qu'elles purifient le corps de toutes ses souillures. Son cours est de 280 myriamètres ;

4° L'*Indus* ou *Sind*, qui prend sa source dans les montagnes du Thibet. Il se jette dans le golfe d'Oman par plusieurs embouchures; son cours est d'environ 200 myriamètres;

5° Le *Godavery*, qui coule dans l'Hindoustan. Il prend sa source sur le revers oriental des monts Ghattes, et se rend dans le golfe du Bengale, où il se jette par sept bras différents;

6° Le *Chat-el-Arab*, qui est formé de la réunion de deux fleuves importants, le Tigre et l'Euphrate. Son nom signifie *fleuve d'Arabie*. Il verse ses eaux dans le golfe Persique, après un cours de 20 myriamètres. Ce fleuve était chez les anciens la seule route connue du commerce par eau entre l'occident et l'orient.

Comme tous les fleuves qui coulent dans les régions intra-tropicales, les fleuves tributaires de l'océan Indien sont sujets à des crues périodiques, qui inondent à de grandes distances les pays voisins de leurs rives. Ces crues commencent en avril et croissent jusqu'en juillet, époque où l'inondation est complète. Deux de ces fleuves, le Gange et le Bramapoutre, ont leurs rives infestées d'une très-grande quantité de crocodiles du genre *gavial*.

177. ILES ET ARCHIPELS. Les iles les plus remarquables de l'océan Indien sont : *Madagascar*, les *Comores*, les *Mascareignes*, les *Amirantes*, *Socotora*, les *Lakedives*, les *Maldives*, *Ceylan*, les îles *Andaman* et les iles *Nicobar*.

178. MADAGASCAR. L'*ile de Madagascar* est la plus grande des iles voisines du continent africain, et une des plus considérables du monde, car son étendue égale presque celle de la France. Elle est située près des côtes orientales de l'Afrique dont elle est séparée par le canal de Mozambique. Cette île a environ 175 myriamètres de longueur du nord au sud, et une largeur de 55 myriamètres. Elle a été découverte en 1506 par un Portugais nommé Almeyda.

Le sol de Madagascar est extrêmement fertile ; la vigne, la canne à sucre, le riz, l'indigo, le poivre, la cannelle, le tabac, et une foule de plantes des pays chauds et tempérés y croissent presque sans culture.

Cette île est séparée en deux portions par une double chaine de montagnes, dont les sommets les plus élevés atteignent 3,600 mètres ; ces montagnes sont couvertes de forêts qui fournissent des bois de construction recherchés.

Les animaux sont nombreux dans l'île, mais on n'y rencontre ni éléphants, ni lions, ni tigres. Des nuées de sauterelles s'abattent quelquefois sur le sol qu'elles dévastent, et une espèce monstrueuse de chauve-souris y sert de nourriture. De nombreux crocodiles infestent l'embouchure des rivières, et parmi les poissons qu'on pêche le long des côtes, il en est quelques-uns qui sont vénimeux.

L'île Madagascar renferme plus de 3,000,000 d'habitants distingués en plusieurs races par leur couleur, et appelés Madécasses ou Malgaches. L'île est partagée en plusieurs provinces gouvernées par des chefs particuliers ; celle de Madagascar proprement dite est la plus considérable. Les Madécasses sont en partie mahométans et en partie idolâtres.

179. COMORES. Les *iles Comores* sont au nombre de

quatre ; elles sont situées dans la partie septentrionale du canal de Mozambique. Elles ont un sol fertile et un climat salubre ; on y élève des troupeaux. Les habitants sont au nombre de 20 à 24,000 ; ils sont doux, hospitaliers, et font un grand usage de musc.

180. MASCAREIGNES. Le groupe des *Mascareignes* est situé à l'est de Madagascar, et se compose de quatre iles : l'*île de France* et les *îles Bourbon*, *Rodriguez* et *Cargados*. Elles doivent leur nom de Mascareignes au navigateur portugais Mascarenbas, qui en fit la découverte en 1545.

181. ILE DE FRANCE. L'île de France, ainsi appelée parce qu'elle a appartenu pendant fort longtemps aux Français, est située à 92 myriamètres de Madagascar ; elle a environ 180 kilomètres de circuit. Son sol est montagneux et très-fertile ; il produit abondamment du sucre, du coton, de l'indigo, des muscades et l'arbre qui fournit l'ébène. Les côtes sont environnées de récifs qui en rendent l'approche difficile. Cette île, dont les Anglais sont les maîtres depuis 1810, et dont ils ont changé le premier nom en celui d'*île Maurice*, a 90,000 âmes. Le port Louis en est la principale ville.

182. ILE BOURBON. L'*île Bourbon*, la plus grande des Mascareignes, est située au sud-ouest de l'île de France ; elle a 30 myriamètres de circonférence. C'est une île montagneuse dans quelques parties, souvent ravagée par des feux souterrains et exposée à des ouragans terribles. Ses côtes, en général hautes et escarpées et environnées de récifs dangereux, ne présen-

tent point de port, mais quelques rades peu sûres. Son sol est très-fertile ; on y recueille toutes les productions des contrées tropicales. Le climat de cette île passe pour le meilleur du globe ; les chaleurs y sont tempérées par des brises de mer fréquentes. Le chef-lieu est Saint-Denis. Elle appartient aux Français.

L'*île Rodriguez*, à l'est de l'île de France, n'a que 123 habitants. Elle était autrefois fréquentée par un grand nombre de tortues et de crabes, qu'on n'y rencontre plus.

183. ILES AMIRANTES. Les *îles Amirantes* sont un groupe de plusieurs îles et îlots peu peuplés, situés au nord de Madagascar. Les tortues abondent près de leurs côtes ; les rats y sont d'une grosseur extraordinaire et y causent de grands ravages.

Au nord-est des Amirantes on rencontre les îles *Seychelles*. appelées aussi *îles Mahée*, du nom de la principale d'entre elles. Les unes et les autres appartiennent aux Anglais.

184. SOCOTORA. L'île de Socotora, appelée autrefois *île Dioscoride*, est située à 20 myriamètres du cap Guardafui et à l'entrée du golfe d'Aden. Son sol est aride, montueux, dépourvu d'eau ; sa végétation est fort pauvre : des dattiers, des aloës sont ses principales productions. Elle appartient aux Arabes. Tamarida, le seul port de l'île, en est le chef-lieu.

185. LAKEDIVES ET MALDIVES. A une vingtaine de myriamètres des côtes du Malabar, et sur une étendue de près de 150 myriamètres, s'étendent, du nord au sud, une multitude de petites îles et d'îlots. Les

plus septentrionales forment un archipel sous le nom de *Lakedives;* les plus méridionales, réunies en un groupe plus considérable, sont connues sous le nom de *Maldives.* Ce sont des îles peu étendues et peu importantes ; leur végétation ne produit que des cocotiers, des figuiers, du bétel, etc. Elles sont environnées d'une si grande quantité de rochers de corail, qu'elles sont souvent désignées sous le nom d'*îles de Corail.* Les côtes abondent en *Kauris,* petit coquillage dont les valves servent de menue monnaie aux habitants de l'Hindoustan.

186. Ceylan. L'*île Ceylan* est située près de l'extrémité méridionale de l'Hindoustan, dont elle est séparée par le détroit de Palk. Sa longueur du sud au nord est d'environ 50 myriamètres, et sa largeur moyenne de 25. Elle est séparée en deux régions par une chaîne de montagnes dont la direction est du nord au sud, et dont le sommet le plus élevé est le pic d'Adam, haut de 1650 mètres. L'île est environnée de beaucoup de récifs et de brisants ; des bancs de sable qui s'avancent vers le nord-ouest la joignent presque au continent.

A Ceylan les saisons sont déterminées par la direction des vents moussons. Ainsi en mai, juin et juillet, la région de l'ouest a les pluies, les tempêtes et les ouragans, tandis que la région opposée jouit d'un temps sec et calme ; c'est le contraire en octobre et novembre.

L'île possède des mines de cuivre, de plomb et de mercure ; on y trouve des pierres précieuses, des rubis, des diamants, etc. ; la baie de Kondatchy, voisine de ses côtes septentrionales, est célèbre pour la pêche des perles.

Le sol de l'île Ceylan est stérile vers les côtes, mais l'intérieur est d'une très-grande fertilité ; les montagnes sont couvertes de forêts qui fournissent de beaux bois de construction. Tous les végétaux des tropiques y croissent avec facilité. La cannelle de Ceylan est la meilleure des Indes. Le riz, la canne à sucre, l'arbre qui fournit le camphre, le poivre, le bétel, le tabac y sont l'objet d'une culture soignée.

Les animaux sont nombreux dans cette île ; ce sont des éléphants, des buffles, des ours, des léopards, des chacals, des hyènes et des singes. Les serpents y abondent et les crocodiles infestent les rivières. On rencontre beaucoup de fourmis et d'araignées vénimeuses.

Les habitants de Ceylan sont au nombre de 1,200,000; ils forment trois classes : les étrangers, les Ceylanais et les Veddads. Ceux-ci habitent les forêts et vivent dans un état indépendant. L'île appartient à l'Angleterre. Les villes principales sont : Colombo, capitale, Négombo et Candy.

187. ILES ANDAMAN ET NICOBAR. Les *îles Andaman* sont un groupe composé de deux îles principales, la Grande et la Petite Andaman, et d'un grand nombre d'autres plus petites.

Parmi les vingt îles qui composent l'archipel de Nicobar, six ou sept seulement ont quelque importance.

Ces deux archipels sont situés dans la partie orientale du golfe du Bengale, où ils forment une ligne qui s'étend du nord au sud sur une longueur d'environ 100 myriamètres; ils sont peu connus : plusieurs fois les Européens tentèrent d'y fonder des colonies, mais l'insalubrité du climat et la haine des naturels pour les étrangers les forcèrent à abandonner leurs entreprises à cet égard.

CHAPITRE VII.

OCÉAN PACIFIQUE.

188. Généralités. L'océan Pacifique comprend l'immense espace qui s'étend entre l'Asie, les îles de la Sonde et la Nouvelle-Hollande à l'ouest, et l'Amérique à l'est; il se confond au sud avec l'océan Antarctique, et communique au nord avec l'océan Arctique par le détroit de Béring. Son nom lui vient de la tranquillité habituelle de ses eaux; on le nomme aussi Grand-Océan et mer du Sud.

En raison de sa vaste étendue cet océan est divisé en trois portions désignées sous les noms d'océan Pacifique boréal, équinoxial et austral.

L'océan Pacifique est traversé par plusieurs courants : celui qui vient du pôle nord par le détroit de Béring, prend la direction des côtes de la Chine, et se réunit bientôt au courant équatoréal; tandis que le courant polaire du sud se dirige vers le nord en suivant les côtes occidentales de l'Amérique du Sud. Le mouvement général des eaux de l'est à l'ouest est gêné dans cet océan par la multitude des îles, des terres et des bas-fonds dont il est semé ; on le reconnaît cependant très-bien dans le détroit de Torrès qui sépare la Nouvelle-Guinée de la Nouvelle-Hollande, et dans le détroit de Bass qui sépare la Nouvelle-Hollande de la Terre de Diemen.

Les productions de l'océan Pacifique sont très-nombreuses et très-importantes ; les madrépores y sont innombrables, et leurs habitations forment des archipels d'îlots et de bas-fonds qui sont l'effroi des navigateurs. Ses eaux nourrissent une très-grande variété de crustacés. Les poissons abondent dans le Grand-Océan équinoxial, et forment presque la seule nourriture des insulaires ; plusieurs espèces de dauphins, des cachalots se montrent fréquemment dans les portions les plus chaudes. C'est dans les mers qui baignent les côtes de la Chine et du Japon qu'on rencontre l'holocanthe empereur, poisson remarquable par la variété des couleurs dont il est paré et leur agréable disposition ; la dorade ou poisson doré de la Chine est originaire des portions voisines de l'île Fokien ; enfin la pêche de la baleine est d'une très-grande ressource pour les habitants des côtes de l'océan Pacifique boréal.

189. MERS. L'océan Pacifique forme plusieurs mers intérieures ; les plus considérables sont : la *mer de Béring* et la *mer d'Okhotsk*, à l'est de la Sibérie ou Russie d'Asie ; la *mer du Japon*, entre le Japon et l'empire chinois ; la *mer Jaune*, la *mer de Corée* et la *mer de la Chine*, à l'est de la Chine ; la *mer de Java*, entre l'île

de Java et l'île Bornéo ; la *mer des Célèbes*, entre l'île Bornéo, l'île Célèbes et l'île Mindanao ; la *mer des Moluques*, au sud des îles Moluques, et la *mer du Corail*, au nord-est de la Nouvelle-Hollande.

190. Golfes. Les principaux golfes formés par l'océan Pacifique, sont : le *golfe d'Anadyr*, dans la mer de Béring ; le *golfe de Petchili*, dans la mer Jaune ; les *golfes de Tonkin et de Siam*, dans la mer de la Chine ; le golfe de *Carpentarie*, au nord de la Nouvelle-Hollande ; la *baie de Geelwink*, sur la côte septentrionale de la Nouvelle-Guinée ; le *golfe de Californie* ou mer Vermeille, et celui de *Panama*, sur les côtes occidentales de l'Amérique.

191. Détroits. L'océan Pacifique est divisé par les îles nombreuses qu'il renferme en une multitude de passes et de détroits ; les principaux sont : la *Manche de Tartarie*, entre la mer d'Okhotsk et celle du Japon ; le *détroit de Corée*, entre le Japon et la presqu'île de Corée ; le *détroit de Fokien*, entre l'île Formose et la Chine ; le *détroit de Malaca*, entre la presqu'île de Malaca et l'île de Sumatra ; le *détroit de la Sonde*, entre l'île Sumatra et l'île de Java ; le *détroit de Macassar*, entre la mer de Java et la mer des Célèbes ; le *détroit de Torrès*, entre la Nouvelle-Guinée et la Nouvelle-Hollande ; le *détroit de Bass*, entre la Nouvelle-Hollande et la Terre de Diemen, et enfin le *détroit de Magellan*, entre la Terre de Feu et la Patagonie, au sud de l'Amérique. Ce dernier est le plus grand de tous les détroits ; il a près de 75 myriamètres de l'est à l'ouest, et une largeur moyenne de 4 myriamètres. Les rochers

escarpés qui le bordent, les récifs et les écueils nombreux dont il est semé, battus pendant presque toute l'année par les vagues et les tempêtes, en rendent le passage presque impraticable. Il a été franchi pour la première fois par Magellan en 1520.

192. ILES ET ARCHIPELS. Les îles baignées par l'océan Pacifique peuvent être divisées en trois groupes principaux suivant leur position : 1° les *îles Asiatiques* comprenant toutes celles qui sont assez rapprochées de l'Asie pour pouvoir être considérées comme dépendant de l'ancien continent ; 2° les *îles Américaines* sont celles qui sont situées le long des côtes occidentales de l'Amérique ; 3° enfin les *îles Océaniennes*, situées au sein de l'océan Pacifique, et formant l'Océanie ou le *Monde maritime*.

Iles Asiatiques.

193. Les *îles Asiatiques* sont : *Haï-nan*, à l'entrée du golfe de Tonkin ; *Formose*, entre la mer de Corée et la mer de la Chine ; les îles Lieou-Kieou, au sud du Japon ; les *îles du Japon*[1] ; l'*île Saghalien*, entre la mer du Japon et la mer d'Okhotsk, et les *îles Kouriles*, entre l'extrémité de la presqu'île du Kamtchatka et le Japon[2].

---

[1] L'empire du Japon, en raison de son étendue et de son importance, sera décrit avec les contrées de l'Asie dans la deuxième partie de cet ouvrage.

[2] Les auteurs appellent encore *îles Asiatiques* celles qui composent la Malaisie ; nous pensons qu'il faut leur réserver cette dernière dénomination, et n'employer le nom d'*îles Asia-*

194. HAÏ-NAN. L'*île Haï-nan*, située à l'entrée du golfe de Tonkin, a 900 myriamètres de superficie. Son sol est assez fertile ; il produit de l'indigo, du sucre, du coton ; le riz et les patates sont la principale nourriture des habitants. Les forêts qui couvrent les montagnes abondent en ébéniers. Les habitants de l'île se composent de Chinois ; ils habitent les côtes. Dans l'intérieur vivent indépendantes et presque à l'état sauvage des insulaires, avec lesquels les premiers ne peuvent avoir aucune relation sous peine de mort. L'abord de l'île Haï-nan est interdit aux Européens.

195. FORMOSE. L'*île Formose*, ainsi nommée à cause de la beauté de ses sites et la douceur de son climat, est située entre la mer de la Chine au sud et la mer de Corée au nord. Elle a environ 45 myriamètres de longueur et 20 de largeur. Une chaîne de montagnes la sépare en deux portions. La partie orientale, à peine connue, est habitée par des peuplades sauvages ; la partie occidentale est occupée par des Chinois et renferme une ville riche et importante. L'île Formose est exposée à des ouragans redoutables. Son sol est riche en métaux précieux. Les indigènes vont presque nus ; ils se noircissent les dents et se couvrent le corps de dessins de diverses couleurs.

196. ILES LIEOU-KIEOU. Les *îles Lieou-Kieou*, situées au nord-est de l'île Formose, forment un groupe de plusieurs îles, dont les principales sont la Grande et la Petite Lieou-Kieou. Ces îles sont entourées d'une

tiques que pour les îles qui dépendent évidemment du continent.

multitude de récifs et de bancs formés par les coraux et les madrépores. Leur climat est délicieux ; leur sol est très-fertile. Les habitants, d'origine japonaise, sont gouvernés au nom de l'empereur de la Chine.

197. ILE SAGHALIEN. L'*île Saghalien*, appelée aussi *île Tchoka*, appartient aux Japonais. Elle est située au nord de la mer du Japon ; la Manche de Tartarie la sépare de la Chine. Les habitants vivent principalement du produit de la chasse et de la pêche ; celle-ci consiste surtout en saumons, qui abondent à l'embouchure des rivières, et en baleines qui fréquentent les mers voisines de ses côtes méridionales.

198. ILES KOURILES. Les *îles Kouriles*, au nombre de vingt-deux, forment une ligne de 125 myriamètres, qui s'étend depuis la pointe la plus méridionale du Kamtchatka jusqu'au Japon ; elles forment à l'est la mer d'Okhotsk. On les divise en Grandes et en Petites-Kouriles. Les Grandes-Kouriles sont les plus méridionales et appartiennent aux Japonais. Les Petites-Kouriles sont au nombre de dix-huit et dépendent de la Russie. Le climat de ces îles est froid ; leur sol est entièrement volcanique. La chasse et la pêche sont les seules occupations des insulaires. Ceux-ci sont petits ; ils ont le corps très-velu ; leur caractère est doux, humain, mais porté à la superstition.

Iles Américaines.

199. Les *îles Américaines* de l'océan Pacifique forment plusieurs archipels situés à peu de distance des

côtes occidentales de l'Amérique. Les plus remarquables sont :

1° Les *îles Aleutiennes* ou *Aléoutiennes*, qui sont la continuation de la presqu'île d'Alaska, groupe d'îles dont le sol est aride, volcanique ; le climat froid, humide, et la végétation très-pauvre. Les côtes sont fréquentées par un grand nombre de phoques, de loutres de mer et de baleines. Leur population est de 6,000 habitants. Elles sont sous la dépendance d'une compagnie de marchands à laquelle elles ont été cédées par le gouvernement russe ;

2° L'*archipel de Quadra et Vancouver*, composé de l'île de ce nom, des îles du roi Georges, de celle du prince de Galle et de la reine Charlotte. Ces îles sont, en général, couvertes de hautes montagnes, dont les sommets sont recouverts de neige pendant la plus grande partie de l'année. Les forêts y sont étendues ; elles se composent principalement de pins, de sapins et de cyprès. Les indigènes s'occupent de la chasse et de la pêche des phoques et des loutres marines ;

3° Le *groupe de Révilla Gigédo*, composé de trois îles désertes ;

4° L'*Archipel de Galapagos* ou *îles aux Tortues*, situées sous l'équateur et fréquentées par un très-grand nombre de tortues. Stériles sur quelques points, fertiles dans quelques endroits, ces îles servent de lieu de relâche aux vaisseaux qui s'occupent de la pêche de la baleine. Une seule, l'île Charles, est habitée depuis 1832, par une colonie de 250 individus ;

5° Les îles *Saint-Félix*, près desquelles s'élève un

rocher remarquable en ce que, dit Malte Brun, de quelque côté qu'on le regarde, il ressemble à un navire sans voiles ;

6° Les iles de *Juan Fernandez*, groupe de deux îles inhabitées, situées à 80 myriamètres des côtes du Chili. Elles furent découvertes en 1563 par le navigateur Juan Fernandez. Un matelot anglais ayant été laissé dans l'une d'elles, y vécut seul pendant quatre années, et fournit le sujet du roman de Robinson Crusoé ;

7° Enfin près des côtes de la Patagonie s'élèvent une multitude de petites îles et d'ilots, qui forment deux archipels : celui de Chiloé, du nom de la plus grande, et celui de la Madre de Dios. La plupart de ces iles sont entourées de récifs et de rochers contre lesquels les vagues se brisent avec fureur.

La Terre de Feu, située à la pointe la plus méridionale de l'Amérique, forme un archipel qui appartient autant à l'océan Atlantique qu'à l'océan Pacifique. Il se compose de plusieurs iles séparées du continent américain par le détroit de Magellan. Elles ont un sol aride, un aspect sauvage et des montagnes couvertes éternellement de neiges ; plusieurs de ces montagnes sont des volcans en activité. La pointe la plus méridionale de la Terre de Feu est le cap Horn, que les navigateurs doublent pour passer de l'océan Atlantique dans l'océan Pacifique.

Iles Océanniennes.

200. Les *iles Océaniennes* constituent l'*Océanie* ou la cinquième partie du monde. Elles ont été divisées en trois parties, savoir : l'*Océanie occidentale* ou *Malaisie*, l'*Océanie centrale* ou *Australie*, et l'*Océanie orientale* ou *Polynésie*.

201. MALAISIE. Sous le nom de *Malaisie* et d'*Océanie occidentale*, on comprend un immense archipel situé dans la partie occidentale de l'océan Pacifique. Cet archipel s'étend sur un espace d'environ 50,000 myriamètres carrés, avec une population totale de 21,000,000 d'habitants. Son nom de Malaisie lui vient de ce qu'il est peuplé surtout de Malais, race d'hommes de couleur brune. Les îles qui le composent sont réunies en plusieurs groupes sous les noms de groupes de *Sumatra*, de *Java*, de *Sumbava-Timor*, archipel des *Moluques*, groupes de *Célèbes*, de *Bornéo*, archipel des *Philippines*.

202. SUMATRA. L'île de *Sumatra* ou *Soumatra* est la plus grande et la plus importante du groupe de ce nom. C'est aussi la plus occidentale des îles de l'océan Pacifique. Elle a environ 200 myriamètres de longueur, et une largeur qui varie entre 25 et 75 myriamètres. Ses côtes sont très-découpées ; du côté de l'est elles présentent un grand nombre de baies qui facilitent beaucoup la navigation. Elle est traversée par une chaîne de montagnes dont les sommets atteignent 4,000 mètres, et dont plusieurs sont des volcans en activité. Ces montagnes sont en général couvertes de forêts impénétrables. Le sol recèle des mines de cuivre, d'étain, de fer, d'or et des minerais de soufre.

Située sous l'équateur, le climat de cette île est très-chaud ; les gelées, la neige et la grêle y sont inconnues. Cependant la chaleur y est tempérée par de fréquentes brises de mer. Sumatra n'a que deux saisons : la sèche, qui commence en mai et finit en septembre, et la pluvieuse, qui commence en décembre et finit en mars. Le voisinage des côtes y est, en général, malsain à cause des marais dont elles sont recouvertes.

Les productions de l'île sont très-importantes : le poivre, les muscades, les gérofles, le coton, le tabac, le camphre, le sucre et le café figurent au premier rang. Les animaux sont des buffles, qui servent au transport, des tigres, des sangliers, des babiroussas, des orangs-outangs, des singes, des insectes dévastateurs. On y voit une espèce d'hirondelle, appelée Salangane, dont le nid est recherché par les Chinois, qui le mangent. La population de Sumatra est de 3,200,000 âmes. Ses villes principales sont Padang, résidence du gouverneur hollandais, et Palembang, dans la partie méridionale. L'île est en partie indépendante et en partie sous la dépendance des Hollandais, qui possèdent aussi deux îles importantes du groupe de Sumatra : Banca et Billiton.

203. JAVA. Le groupe de Java comprend les îles de Java, Madura, Bali, Lombock, du Prince, etc.

L'*île de Java* est la plus importante de toute l'Océanie. Située au sud-est de Sumatra, elle est séparée de cette île par le détroit de la Sonde, qui est le passage le plus fréquenté des vaisseaux qui vont de l'océan Indien dans l'Océanie. La longueur de Java, de l'est à l'ouest, est d'environ 120 myriamètres, et sa largeur

de 10 à 15. Elle est montagneuse et volcanique ; plusieurs de ses volcans vomissent de la boue. Dans quelques endroits, le terrain renferme de l'or, de l'émeraude, des rubis et des diamants.

La végétation est très-riche à Java. On y récolte abondamment toutes les productions des contrées tropicales. Comme Sumatra, Java n'a que deux saisons, la sèche et la pluvieuse ; elles durent chacune six mois. Les animaux y sont nombreux, principalement les crocodiles, les serpents, les rhinocéros, les tigres noirs, etc. Java appartient aux Hollandais, qui en ont fait le centre de leurs possessions dans l'Océanie. Sa population est de 5,000,000 d'âmes. Les villes principales sont : Batavia, capitale des établissements hollandais, située au fond d'une baie avec un port commode et sûr, a une population de 45,000 habitants ; Bantam, Sourabaya.

204. ILES SUMBAVA-TIMOR. L'archipel de Sumbava-Timor s'étend à l'est de celui de Java. Les principales îles qui le composent sont : Lomboc, Sumbava, Flores, Ombay et Timor. Celle-ci est la plus grande. Ces îles sont, en général, couvertes de hautes montagnes et bouleversées par de fréquentes éruptions volcaniques. Elles sont très-fertiles : toutes les productions des tropiques y réussissent. Sumbava et Timor possèdent de riches bancs à perles ; Ombay est une île presque inabordable, et dont les habitants sont les plus cruels de toute la Malaisie. La mer est très-poissonneuse dans ces parages, mais la pêche y est gênée par les tempêtes fréquentes qui s'y font sentir, et dans quel-

ques endroits, à Timor, par exemple, par la présence
de nombreux requins. Les villes les plus remarquables
de ce groupe sont : Dillé, dans l'île Timor, et Bima
dans celle de Sumbava. Ces îles sont en grande partie
habitées par des peuplades indépendantes ; les Hollandais et les Portugais y ont quelques établissements.

205. MOLUQUES. Les *îles Moluques* ou *îles aux épices*
sont situées au nord du groupe de Sumbava-Timor,
dont elles sont séparées par la mer des Moluques. Ces
îles sont déchirées par un grand nombre d'enfoncements ; la mer qui les baigne est fréquemment agitée
par d'effroyables tempêtes ; des bancs de sable mobiles
et que les vagues déplacent souvent, y rendent la navigation dangereuse ; des tremblements de terre désastreux, des éruptions volcaniques souvent renouvelées
en font un séjour de terreur. Cependant le sol y est
d'une grande fertilité, et depuis longtemps ces îles
fournissent une grande partie des épices consommées
en Europe. L'île d'Amboine est particulièrement renommée pour la culture du géroflier, qui y atteint 15
à 20 mètres d'élévation.

Le climat des Moluques est très-chaud, funeste surtout aux Européens. Mais la chaleur y est tempérée
par des pluies fréquentes et par les brises qui soufflent
de la mer. Ces îles appartiennent aux Hollandais ; les
principales sont : Gilolo, Céram et Amboine. La population du groupe s'élève à près de 200,000 âmes.

206. ILES CÉLÈBES. L'*île Célèbes* est une île très-ir-
régulière, partagée par des baies profondes en quatre
péninsules assez étroites. Elle a à l'est le passage des

Moluques, et à l'ouest le détroit de Macassar. Son sol est volcanique, comme celui de toutes les îles de la Malaisie ; elle renferme plusieurs volcans en activité. L'île de Célèbes possède des diamants, des mines d'or, de fer, d'étain ; plusieurs rivières charrient des sables aurifères d'une grande richesse. Le climat y est sain : les chaleurs y sont rendues supportables par les vents du nord et les pluies qui tombent vers le milieu de chaque mois. Les habitants appartiennent à trois familles différentes, les Biadjous, les Macassars et les Bugis. Ils sont gouvernés par un souverain placé sous la tutelle des Hollandais, qui, entre autres établissements, possèdent Macassar.

207. BORNÉO. Le groupe de Bornéo se compose de l'île de ce nom et de plusieurs autres, dont les principales sont la *Grande-Natouna* à l'ouest, et *Maratouba* près de la côte orientale.

L'*île de Bornéo* est une des plus grandes du monde ; elle a environ 140 myriamètres de longueur et 120 de largeur. Elle est située sous l'équateur, entre le détroit de Macassar, à l'est, la mer de Java au sud, et la mer de la Chine à l'ouest et au nord-ouest. L'intérieur est à peine connu ; les établissements des Européens sont tous sur les côtes.

Le sol de Bornéo est moins volcanique que celui des autres îles de la Malaisie ; cependant on compte plusieurs volcans éteints dans les montagnes qui couvrent l'intérieur de l'île. Les mines d'or, de fer, de zinc et d'antimoine y sont très-riches. On y trouve aussi des diamants.

Les productions végétales sont très-importantes. Elles consistent principalement en riz et en choux-palmistes, qui servent de nourriture aux habitants ; on cultive avec succès le bétel, le poivre noir et le canellier ; le camphre de Bornéo est le plus estimé ; les forêts fournissent de précieux bois de construction et d'ébénisterie.

Les animaux les plus remarquables sont l'éléphant, le rhinocéros et une espèce de léopard ; on ne les rencontre que dans la partie la plus septentrionale de l'île ; les forêts sont peuplées d'ours, de buffles et d'une étonnante variété de singes, parmi lesquels se trouve l'ourang-outang, qui se rapproche beaucoup de l'homme par sa conformation extérieure. Les côtes abondent en huitres à perles et à nacre.

L'île de Bornéo a été découverte par les Portugais en 1627. Sa population est d'environ 3,000,000 d'habitants, en grande partie d'origine malaise. Le gouvernement de l'île est partagé entre un assez grand nombre de chefs ; les uns sont indépendants, d'autres sont soumis aux Hollandais.

Les villes principales sont *Bornéo*, sur la côte nord-ouest, ville bâtie sur pilotis. Population, 10,000 habitants ; Bandermassin, résidence du gouverneur hollandais.

208. ILES PHILIPPINES. Les *îles Philippines*, découvertes en 1521 par Magellan, sont au nombre de 1000 environ ; elles occupent la partie la plus septentrionale de la Malaisie. Les plus remarquables sont *Luçon* ou *Manille*, *Mindanao*, *Mindoro*, *Balaouan*.

Le sol de toutes ces îles est volcanique ; elles renferment un grand nombre de volcans : l'ile Luçon en compte à elle seule dix en ignition. Les mines de fer, d'or, de plomb, de mercure, ainsi que les minerais de soufre, y abondent.

Le climat des Philippines est plus tempéré que celui des îles plus voisines de l'équateur ; aussi les productions végétales y sont-elles plus variées : ce sont à la fois celles des climats chauds et tempérés. Mais les ouragans, les typhons, les tremblements de terre sont très-fréquents et très-redoutables dans cet archipel. Comme la côte de Coromandel et Ceylan, l'île Luçon a deux saisons à la fois ; ainsi tandis que la côte occidentale a la saison des pluies en juillet, août et septembre, la partie opposée de l'île jouit d'un temps serein.

Les animaux sont très-nombreux aux îles Philippines. Les poissons d'eau douce pullulent dans les ruisseaux, les étangs et les marais. Les serpents, dont deux espèces redoutables, le serpent python et le serpent boa, infestent les forêts et les plantations. Des nuées de sauterelles s'abattent par fois sur les îles et dévastent les champs.

Les côtes sont en partie occupées par les Espagnols ; l'intérieur est peuplé de tribus indépendantes, qui se distinguent en général par des mœurs douces et pacifiques. Le chef-lieu des établissements espagnols est Manille, dans l'île Luçon, ville de 10,000 âmes, près d'un port où les vaisseaux trouvent un refuge contre les ouragans. La population des Philippines est de 6,000,000 d'âmes environ.

209. AUSTRALIE. L'*Australie* est ainsi nommée parce

que les îles dont elle se compose sont situées au sud de l'équateur dans le Grand-Océan Austral ; quelques géographes lui donnent le nom de *Mélanésie*, parce qu'elle est peuplée d'une race d'hommes noirs. Elle est bornée au nord-ouest par la Malaisie, au nord et à l'est par la Polynésie, au sud par l'océan Austral, et à l'ouest par l'océan Indien. Son étendue est d'environ 217,000 myriamètres carrés, et sa population totale de 1,130,000 habitants.

Les îles ou archipels les plus considérables de l'Australie sont : la *Nouvelle-Hollande*, la *Nouvelle-Guinée*, la *Terre de Diemen*, la *Nouvelle-Zélande*, la *Nouvelle-Calédonie*, la *Nouvelle-Irlande* et la *Nouvelle-Bretagne*.

210. NOUVELLE-HOLLANDE. La *Nouvelle-Hollande* est la plus grande île du globe ; son étendue lui a fait donner le nom de continent austral : elle égale environ les trois quarts de l'Europe. Sa forme est irrégulière ; sa plus grande longueur de l'est à l'ouest est de 500 myriamètres, et sa largeur moyenne de 250 myriamètres. Elle a été découverte dans le dix-septième siècle par des navigateurs hollandais, qui explorèrent ses côtes occidentales et septentrionales, et qui lui donnèrent le nom qu'elle porte.

211. Le climat de la Nouvelle-Hollande varie suivant la position des contrées. Au nord de l'équateur les chaleurs sont brûlantes et continuelles ; au sud, au contraire, on éprouve l'alternative des saisons, mais dans un ordre inverse de celui qu'elles suivent en Europe. Cependant les hivers y sont moins froids et les étés moins chauds que dans les mêmes latitudes de l'autre

hémisphère. Les vents n'ont pas non plus la même influence que dans nos climats. Ainsi, tandis que chez nous le vent du sud est le vent chaud et celui du nord le vent froid, dans l'Australie le vent du nord amène les chaleurs, et le vent du sud le froid.

212. Les côtes occidentales et septentrionales sont en général basses, marécageuses, et sujettes à être inondées pendant la crue des fleuves. Les côtes méridionales, au contraire, sont bordées de hautes falaises escarpées. La partie située entre le tropique et l'équateur, est cernée par une double chaine de récifs madréporiques, que le travail des polypiers augmente de jour en jour.

213. Les cours d'eau de cette île sont très-peu connus ; ils sont peu nombreux : les plus importants paraissent être le Hawkesbury, qui a son embouchure sur la côte orientale, et le Macquarie et la Lachlan, qui présentent, dit-on, le curieux phénomène de couler vers l'intérieur des terres pour se perdre dans de vastes marécages. Ces cours d'eau, et surtout le Hawkesbury, sont sujets à enfler beaucoup après les pluies, et il n'est pas rare de voir les eaux de ce dernier s'élever à 20 mètres au-dessus de leur niveau ordinaire.

214. L'intérieur de la Nouvelle-Hollande est encore inconnu ; les plages seules, à une petite distance des rivages, ont été explorées, et ce n'est même que depuis peu d'années que le contour de l'île a été levé d'une manière exacte. On ignore absolument si elle renferme d'importantes chaines de montagnes. La chaine des montagnes Bleues, qui s'étendent du nord au sud, le

long de la côte orientale, et à 10 ou 12 myriamètres du rivage, n'a point de sommets dépassant 1000 ou 1200 mètres. Le seul volcan actif qu'on ait observé dans l'île, présente cette singularité qu'il n'a ni laves ni cratère, et cependant les bouleversements du sol attestent dans beaucoup d'endroits l'influence que les volcans, maintenant éteints, y ont exercée autrefois.

Les animaux et les plantes de l'Australie en général, et de la Nouvelle-Hollande en particulier, diffèrent beaucoup de ceux des autres continents. On y a rencontré une foule de végétaux inconnus jusqu'alors : ainsi des acacias à feuilles simples et composées ; un arbre, le casuarina, complétement dépourvu de feuillage ; beaucoup de plantes recherchées maintenant en Europe comme plantes d'ornement, des *métrosidéros*, des *melaleuca*, des *eucalyptus*, etc. Presque toutes les plantes alimentaires de nos climats, nos arbres fruitiers, y ont été introduits et y ont très-bien réussi.

215. Les animaux présentent aussi des caractères qu'on ne rencontre pas fréquemment chez ceux des autres continents. Tels sont les *Kangouroos*, animaux dont les membres postérieurs sont très-longs, qui marchent par bonds, sans se servir des pieds de devant ; les femelles ont sous le ventre une poche formée par les replis de la peau, et où les petits restent enfermés jusqu'à ce qu'ils aient acquis assez de développement ; les *ornithorinques*, mammifères à pieds palmés, à bec de canard, habitant les rivières et pondant des œufs comme les oiseaux ; les *échidnés*, sorte de fourmiliers épineux, semblables aux hérissons, se roulant en

boule, comme ceux-ci, au moindre danger ; les *casoars*, oiseaux dont la tête nue est munie d'un casque osseux, et dont les plumes ont des piquants en place de barbes ; l'animal s'en sert pour se défendre ; les *cygnes noirs* ; les *aigles blancs* ; les *kakatoës*, perroquets qui ont sur la tête une huppe mobile ; les *menures*, oiseaux dont la queue imite une lyre. Les crocodiles, plusieurs espèces de lézards, des fourmis, des moustiques, etc., s'y trouvent aussi en grand nombre. Les côtes sont fréquentées par des baleines, des dauphins, des marsouins.

216. Les habitants de la Nouvelle-Hollande se composent d'indigènes et de colons. Les indigènes qui appartiennent à une race noire, sont disséminés dans l'intérieur et divisés par tribus isolées. Rien n'est comparable à l'abrutissement dans lequel ils sont plongés ; la rareté des plantes alimentaires produites naturellement par le sol, la disparition graduelle des rares animaux auxquels ils font la chasse, les réduisent souvent à dévorer des lézards, des serpents, des chenilles, des fourmis pour subsister, et si l'on en croit certains voyageurs, la faim les poussserait quelquefois à se repaître de la chair des enfants nouveaux-nés.

L'extérieur de ces hommes ne dément pas ces horribles penchants ; ils sont les plus dégradés au physique comme au moral. Ils vivent en plein air, grimpent sur les arbres à la manière des singes. C'est à peine s'ils ont l'intelligence de se construire, avec l'écorce des encalyptus, un abri contre la pluie, ou d'allumer du feu pour se garantir du froid. Les habitants voisins des côtes sont moins misérables ; la pêche supplée à la rareté des vivres que refuse le sol. Cependant le contact des Européens ne paraît pas susceptible d'adoucir leur naturel farouche ; ils repoussent avec opiniâtreté toute tentative de civilisation : ils préfèrent leur indépendance barbare à l'aisance que les arts procurent aux peuples civilisés.

La côte orientale seule est peuplée de colons européens ; ceux-ci sont composés jusqu'à présent d'Anglais. Ce sont des condamnés que le gouvernement britannique déporte sur cette plage, et auxquels il présente des moyens d'existence par le travail et un retour à la vertu par des lois sages. Depuis 1787 que cette colonie a commencé, son état prospère s'est constamment maintenu ; les déportés reviennent généralement à des mœurs honnêtes. Utiliser ainsi une plage lointaine et changer en même temps les habitudes vicieuses d'hommes égarés en en faisant des citoyens utiles, est assurément une des pensées les plus généreuses dont l'humanité puisse s'honorer ! Plusieurs villages et la ville de Sydney, sur le port Jackson, avec 16,000 âmes, des fermes nombreuses où l'on cultive le riz, le froment, le maïs, le lin, la vigne, etc., et où l'on élève de nombreux troupeaux, attestent les bienfaits de cette institution.

217. DIÉMÉNIE. Au sud de la Nouvelle-Hollande se présente la *Terre de Diemen* ou *Diéménie*, découverte et reconnue en 1642 par le célèbre navigateur Tasman. Elle est séparée de la Nouvelle-Hollande par le détroit de Bass. Sa superficie est de 1800 myriamètres carrés. Le climat en est généralement tempéré ; les

saisons s'y succèdent aux époques et dans le même ordre qu'à la Nouvelle-Hollande. On y cultive la plupart des végétaux de l'Europe. L'intérieur de l'île est couvert d'impénétrables forêts où croissent des *eucalyptus* de 60 à 70 mètres d'élévation et de 10 à 12 mètres de circonférence. La Diéménie est un lieu d'exil pour les déportés de la Grande-Bretagne. Sa population était en 1831 de 45,000 âmes, dont 10,000 condamnés. Hobard-Town est la résidence du gouverneur.

218. NOUVELLE-ZÉLANDE. A l'est de la Terre de Diemen s'étend la *Nouvelle-Zélande*, aussi découverte en 1642 par Tasman. Elle se compose de deux îles séparées par un détroit appelé *détroit de Cook*. Elles ont ensemble 250 myriamètres de longueur. Le climat y est tempéré ; les animaux et les végétaux sont à peu près les mêmes que ceux du continent austral. On y cultive avec soin un végétal précieux, le *phormium tenax*, ou lin de la Nouvelle-Zélande, qui sert à former des fils d'une finesse et d'une ténacité remarquables. C'est au sud-est de la Nouvelle-Zélande que se trouvent les antipodes de Paris. Les insulaires sont divisés en plusieurs peuplades soumises à des chefs particuliers. On porte la population des deux îles à 250,000 âmes.

219. NOUVELLE-CALÉDONIE. La *Nouvelle-Calédonie* est une île située à l'est de la Nouvelle-Hollande. Elle fut découverte par Cook en 1774. Sa longueur est de 35 à 40 myriamètres et sa largeur de 6. Les naturels sont des nègres océaniens d'un caractère cruel ; quelques-uns sont anthropophages.

220. NOUVELLES-HÉBRIDES. Les Nouvelles-Hébrides

sont un groupe d'îles fertiles situées au nord-est de la Nouvelle-Calédonie. Elles furent découvertes par Fernandez de Quiros en 1606, et appelées par lui *archipel de l'Espiritu Santo*. Leur sol est volcanique, des sources d'eau chaude, des vapeurs acides s'échappent çà et là du sol. Les naturels, au nombre de 150,000 environ, se distinguent par la laideur de leurs traits et leurs mœurs sauvages.

221. NOUVELLE - BRETAGNE. La *Nouvelle-Bretagne* forme un archipel dont l'île principale, appelée Nouvelle-Bretagne, a 50 myriamètres de longueur ; on peut y adjoindre la Nouvelle-Irlande, presque aussi grande. Leur sol est volcanique et assez fertile. Les habitants passent pour les mieux policés de toute l'Australie. La population de cet archipel est d'environ 60,000 âmes.

222. LOUISIADE. L'archipel de la *Louisiade* est situé à l'est de la Nouvelle-Guinée. Le climat, le sol et les productions sont à peu près les mêmes. Toutes les îles qui composent cet archipel sont environnées de récifs et d'écueils nombreux. Les habitants, au nombre de 10,000, appartiennent à la race des Papous.

223. NOUVELLE - GUINÉE. La *Nouvelle-Guinée* est une île très-grande, appelée aussi *Terre des Papous*, et située au nord de la Nouvelle-Hollande, dont elle est séparée par le détroit de Torrès. Elle a été découverte en 1511 par les Portugais. Sa longueur est d'environ 250 myriamètres, et sa plus grande largeur de 100. De même que la Nouvelle-Hollande, cette terre n'est connue que sur ses côtes ; les Européens n'ont point encore pénétré dans l'intérieur, qui paraît ren-

fermer de hautes montagnes couvertes de neiges et plusieurs volcans. La végétation de la Nouvelle-Guinée a beaucoup de rapport avec celle des îles de la Malaisie. Les animaux y sont peu nombreux, surtout les mammifères ; mais les oiseaux y sont plus répandus. On y trouve l'oiseau de paradis et de nombreux perroquets. Les habitants sont composés de Malais et de deux races noires, dont l'une habite l'intérieur de l'île, et se refuse jusqu'à présent à toute tentative de civilisation ; les individus qui la composent sont nommés *Harfours*. Les Papous forment l'autre race nègre ; ils se distinguent par un caractère moins farouche et la manie des ornements portée au plus haut degré. La superficie de la Nouvelle-Guinée est de 20,000 myriamètres, et sa population présumée de 500,000 âmes.

224. POLYNÉSIE. La *Polynésie* comprend la portion la plus considérable de l'océan Pacifique. Elle ne contient point d'île considérable, mais le nombre en est prodigieux ; chaque voyage en fait connaître de nouvelles. Leur constitution est tout à fait volcanique ; plusieurs de leurs volcans brûlent encore. Presque toutes sont entourées de bancs de corail très-étendus, et qui gênent la navigation. La similitude des productions de ces îles, et les nombreux rapports qui existent dans les mœurs, les habitudes et le langage des naturels, font de la Polynésie comme une vaste contrée maritime, et de ses habitants un même peuple.

La Polynésie occupe un espace qu'on peut évaluer à 6,500 myriamètres carrés, avec une population de 1,100,000 habitants.

Les principaux archipels de cette partie de l'Océanie sont : les *îles Pelew*, les *îles Carolines*, les *îles Mariannes*, les *archipels de Fidji*, *des Amis*, *des Navigateurs*, l'*archipel des îles Basses* et les *îles Sandwig*.

225. ILES PELEW. Les *îles Pelew* sont un petit archipel situé à l'est des îles Moluques, et composé d'une vingtaine d'îles qu'entourent de nombreux écueils de corail. L'arbre à pain, les noix de coco, les iguanes et les produits de la pêche fournissent aux insulaires une nourriture abondante. Ceux-ci ont un teint bronzé; ils se teignent les dents en noir et sont soumis à des chefs presque toujours en guerre entre eux. La population des îles Pelew est de 10,000 âmes.

226. ILES CAROLINES. Les *Carolines* forment le groupe le plus étendu et le plus considérable de la Polynésie; elles sont au nombre de plusieurs centaines, réunies elles-mêmes en plusieurs groupes. Ces îles sont peu importantes; leur climat est très-doux, mais les plus violents ouragans les dévastent souvent. Les insulaires, d'un naturel doux, s'exercent de bonne heure dans l'art de conduire leurs proas ou pyrogues sur les flots. La population de l'archipel est de 50,000 âmes.

227. ILES MARIANNES. Les *îles Mariannes* sont situées au nord des îles Carolines. Magellan les découvrit en 1521, et leur donna d'abord le nom d'*îles des Larrons*, à cause du penchant des naturels au vol. Le nom d'îles Mariannes leur fut donné plus tard en l'honneur de Marie–Anne d'Autriche. Les insulaires sont presque tous chrétiens; leur nombre s'élève à environ 7,000. La plus considérable de ces îles appartient encore à l'Espagne.

228. Archipels de Fidji, des Amis et des Navigateurs. Ces archipels sont assez rapprochés. Ils se composent d'un nombre considérable d'îles, la plupart assez fertiles et peuplées d'insulaires très-habiles à diriger leurs canots. Quelques-uns passent pour anthropophages.

229. Archipel des iles Basses. A l'est des précédents s'étend *l'archipel des iles Basses*, composé des *iles de la Société*, de la *mer Mauvaise* et de l'*Archipel dangereux*.

Ces différents groupes comprennent une multitude d'îles basses, sablonneuses, tellement entourées de récifs et d'écueils formés par les coraux, que la navigation est très-périlleuse dans ces parages. On y remarque l'île de *Taïti*, renommée pour la douceur de son climat, la beauté de ses sites et la richesse de sa végétation.

230. Iles Sandwig. Enfin dans la partie la plus septentrionale de la Polynésie se développe *l'archipel de Sandwig*, le plus civilisé de tous ceux de l'Océanie. Il se compose d'une douzaine d'iles dont le sol est entièrement volcanique, et possède plusieurs ports excellents. C'est le point de relâche pour les vaisseaux qui traversent l'océan Pacifique. Situées sous le tropique du Cancer, ces iles ont un climat chaud ; leurs productions sont très-variées ; on y cultive beaucoup de végétaux d'Europe. La population de l'archipel est de 150,000 habitants.

FIN DE L'HISTOIRE DE L'EAU A LA SURFACE DU GLOBE.

TABLE MÉTHODIQUE DES MATIÈRES.

CHAPITRE III.

OCÉAN GLACIAL ARCTIQUE.

CHAPITRE IV.

OCÉAN ANTARCTIQUE.

Pages

CHAPITRE V.

OCÉAN ATLANTIQUE.

CHAPITRE VI.

OCÉAN INDIEN.